生鲜农产品电商与
传统流通体系的融合发展

张 浩 著

中国社会科学出版社

图书在版编目（CIP）数据

生鲜农产品电商与传统流通体系的融合发展／张浩著．—北京：
中国社会科学出版社，2023.5

ISBN 978 - 7 - 5227 - 1688 - 6

Ⅰ.①生… Ⅱ.①张… Ⅲ.①农产品—电子商务—网络营销—
中国 Ⅳ.①F724.72

中国国家版本馆 CIP 数据核字（2023）第 052886 号

出 版 人	赵剑英	
责任编辑	黄 晗	
责任校对	王玉静	
责任印制	王 超	

出 版	中国社会科学出版社	
社 址	北京鼓楼西大街甲 158 号	
邮 编	100720	
网 址	http://www.csspw.cn	
发 行 部	010 - 84083685	
门 市 部	010 - 84029450	
经 销	新华书店及其他书店	

印 刷	北京明恒达印务有限公司	
装 订	廊坊市广阳区广增装订厂	
版 次	2023 年 5 月第 1 版	
印 次	2023 年 5 月第 1 次印刷	

开 本	710 × 1000	1/16
印 张	11.5	
字 数	183 千字	
定 价	58.00 元	

凡购买中国社会科学出版社图书，如有质量问题请与本社营销中心联系调换
电话:010 - 84083683

前　言

　　随着生鲜农产品产量的快速增长，传统的线下批发零售流通体系已不能满足日益庞大、精准、多样化的市场需求，迫切需要优化升级，基于互联网的新型零售的出现为解决这一问题提供了一个很好的模式。中国生鲜农产品电商的快速发展，为创新农产品流通方式，解决"三农"问题，特别是农村经济的发展、农业产业结构的优化、农村生产方式的转变、农民收入的增加和居民消费方式的转变，提供了一种很好的解决途径。本书在归纳总结传统生鲜农产品流通体系发展概况的基础上，揭示生鲜农产品电商与传统流通体系融合模式的发展规律，明确生鲜农产品电商与传统流通体系融合成功运行和保障的机制，研究融合过程中生鲜农产品在流通环节、流通效率和流通成本方面的流通特征，并基于贝叶斯网络筛选和评估生鲜农产品电商与传统流通体系融合发展的影响因素，提出集成成熟度模型的框架、内容、关键要素和集成机制，为进一步集成开发提出了系统的优化方案，为流通过程中物流与质量监管的整合提出相关建议。

　　传统的生鲜农产品流通体系和电商给农产品流通带来了变化和冲击。本书第一章介绍了研究背景和研究的意义，阐述了生鲜农产品电商与传统流通体系融合发展的相关理论，从生鲜农产品电商运营模式、生鲜农产品电商融合模式、生鲜农产品电商物流、生鲜农产品电商与传统流通体系融合发展等方面，对国内外研究现状进行了分析、总结和归纳。第二章介绍了生鲜农产品流通体系发展概况，分析了传统流通体系、生鲜农产品流通体系存在的问题。第三章介绍了中国生鲜农产品电商的发展现状，概述了生鲜农产品电商发展历程、生鲜农产品电商的物流模式及特点及电商发展情况，总结了中国生鲜农产品电商的分类及商业模式。

第四章对生鲜农产品电商的线上线下整合模式进行了分类，并从客户满意度、人员投入、覆盖区域和目标客户群等方面对生鲜农产品电商模式进行了详细的对比研究。第五章在分析生鲜农产品线上线下一体化物流环节影响因素的基础上，提取了生鲜农产品线上线下一体化配送环节的关键影响因素，并利用贝叶斯网络建立了风险评估与识别模型。通过其逆向推理功能，利用其后验概率，可以找出影响配电网故障的因果链。第六章阐明了成熟度模型在集成开发评估中的适用性，提出了集成开发成熟度评估关键过程域的选择原则。划分了集成开发的成熟度等级，分析了关键过程识别和关键过程区域细化，总结了关键过程区域的目标集。模拟了生鲜农产品电商与传统流通体系融合发展中的评价程序、评价方法、样本选择和评价实例。第七章研究了生鲜农产品电商与传统流通体系融合的质量监管。在分析生鲜农产品线上线下供应环节的基础上，利用三角模糊数和贝叶斯网络对影响食品质量控制的关键因素进行了分析和排序。一方面克服了故障树分析、风险矩阵法等评价方法的不足，将对抽象问题领域难以描述的部分给予直观的宏观描述。另一方面，整合了 O2O 供应过程中影响生鲜农产品质量的各个环节的具体指标体系，为线上线下一体化过程中的质量监管提供了切入点。第八章研究了线上线下融合模式下生鲜农产品电商的顾客满意度评价及提升策略。通过构建生鲜农产品顾客满意度模型，然后收集样本进行实证检验，通过四分位数分析提出整合模式下生鲜农产品顾客满意度提升策略。第九章结合项目研究内容，对中国生鲜农产品电商与传统流通体系融合发展提出对策建议。从产品生产、加工销售、物流、线下合作伙伴电商选择、利益分配、消费体验等方面提出了生鲜农产品电商线上线下提升的建议；从冷链建设、产销对接、物流设施、质量监管等方面，提出了生鲜农产品电商与传统流通体系融合发展的优化策略。第十章分析了生鲜农产品流通电商与传统体系融合发展的典型案例。

总之，为促进中国生鲜农产品电商与传统流通体系的融合发展，生鲜农产品电商从线上到线下需要在生产、加工销售环节、物流环节、电商选择线下合作伙伴、利益分配和消费体验等方面进行改进。在流通体系优化方面，将社会化、本地化、移动化融入传统物流活动的生鲜电商 O2O 新物流，要求各节点物流服务意识进一步稳定，在产销对接、线上线下信息对称性提升、冷链仓储配送设施设备标准化、配送时间可控性提升、生鲜产品食品质量安全监管等方面进一步完善。

本书为国家社会科学基金项目"生鲜农产品电商与传统流通体系的融合发展研究"（15BGL202）的成果，在研究与写作的过程中得到了国家社会科学基金委员会的关心与支持，在此，向国家社会科学基金委员会致以诚挚的谢意。同时，本书的很多资料来自北京市委组织部北京市优秀人才培养"青年拔尖个人项目"（2018000026833ZS09）和北京市哲学社会科学项目（21JCB059、17GLB013），在此向北京市委组织部、北京市社会科学界联合会、北京市哲学社会科学规划办公室致以诚挚的谢意。特别感谢中国社会科学出版社对本书样稿提出的宝贵修改意见和对本书出版给予的大力支持。在编写过程中，借鉴了国内外许多专家、学者及同行的研究成果，在此一并致以最诚挚的谢意！

囿于笔者水平和时间限制，书中难免有疏漏或不足之处，敬请各位专家和读者批评指正，以便今后修订完善。

张　浩

2022 年 10 月

目　录

第 一 章

绪　论

随着生鲜农产品产量的快速增加，传统的线下批发零售流通体系已不能满足日益庞大的、精准的、多元化的市场需求，亟待优化升级，基于互联网的新零售的出现为解决这一问题提供了很好的模式。本章分析了生鲜农产品流通的环境和现状，介绍了中国电商和生鲜农产品的研究背景，通过对于相关理论与文献的梳理，发现生鲜农产品电商与传统流通体系融合发展的研究尚处于起步阶段，目前关于生鲜农产品电商与传统流通体系融合发展的研究可以归纳为三个方面：线上线下协同发展模式、线上线下配送体系一体化、线上线下供应链一体化等。为此，本章对生鲜农产品电商和农村传统流通体系融合发展的有关理论问题进行了深入研究与论述，为传统流通体系增加线上服务、优化生鲜农产品流通体系、保障和改善民生提供借鉴。

第一节　研究背景

近年来，随着科技进步与社会发展，消费者对生鲜农产品的需求迅速增加，对食品质量、食品安全、营养价值、产地等相关因素的关注度也随之提高。生鲜农产品消费频率高、易流失、保存期短等特点，使其在产品包装、配送、经营规格等方面都有更高的要求。随着生鲜农产品电商的不断发展，生鲜农产品电商的商业模式逐渐清晰。优化配送网络、提升生鲜农产品供应链服务能力、推动生鲜农产品电商与传统流通体系融合，已成为生鲜农产品电商发展的必然。在生鲜农产品电商线上线下融发展合中，如何保证配送网络安全高效运行，提高客户满意度和忠诚度，成为生鲜农产品电商线上线下融合发展的重要内容。

中国传统的生鲜农产品流通体系主要有以下三种：（1）由农户直接将生鲜农产品装载在全国各地的生鲜农产品批发商中心上，由生鲜农产品批发商中心完成买卖合作之后，再由农产品批发商中心进行二次或者三次的售卖，最后把生鲜农产品传递给消费者，这也是最传统、最普遍的流通模式。（2）农民利用农贸市场把生鲜农产品直接售卖给消费者，是一种具有中国特色的农产品流通模式。农户可以直面消费群体，从而减少了中间商品流通的环节，在这种模式下大大提高了生鲜农产品销售的流动效率与效益，从而促进了农民增收的目标，消费者本身也能购买到新鲜便宜的生鲜农产品。但由于农业市场规模的迅速兴起以及消费者生活要求的多样性改变，这种模式已经不再适应现代农业发展的需要。（3）规模化的营销采购模式，采取了购买、物流、分销等流通手段，使农产品在产地内通过规模化营销加以聚集，再由产品销售地的零售店或批发商逐级分销，最后配送给市场消费者。这种模式降低了农户的交易成本，但规模普遍较小，流通成本在整个流通过程中并没有降低多少。此外，由于流通中明显的信息不对称，农民的利益无法得到有效保障。由于农户普遍没有市场意识、大部分批发市场的配套设施不健全、农贸市场管理松散等，生鲜农产品运输成本增加，同时损耗率大幅上升，生鲜农产品市场体系处于不健全状态。

从未来趋势来看，中国的政策保障、经济转型、技术环境都有利于生鲜农产品电商的快速发展。首先，国家颁布了一系列政策法规促进生鲜农产品电商的快速、稳定发展。2015 年 11 月，国务院办公厅颁布《关于促进农村电子商务加快发展的指导意见》，加大地方政府对农业电商服务蓬勃发展的政策支持，并加速推动农业适应电商蓬勃发展的农业分等评级、包装运输标准制定和应用。2020 年 2 月，财政部办公厅、农业农村部办公厅共同颁布的《关于切实支持做好新冠肺炎疫情防控期间农产品稳产保供工作的通知》明确指出，要以信息化手段促进乡村产业的多业态融合，积极发展数字乡村、智能乡村农业。2021 年"十四五"规划和中央一号文件强调要大力改革和发展农业，保证粮食和重要农产品的供应，并通过种植新作物来改善农业。国家发展改革委、粮油与储藏管理局联合颁布并公告了《粮食等重要农产品仓储设施中央预算内投资专项管理办法》。其次，在中国加速经济转型升级步伐的推动下，政府推出了一系列扩大消费、提升内需的政策举措。国民消费水平不断提高，消费者的需求更加多元化，消费者对健康的重视带动对优质生鲜产品的需求持续增长。最后，随着科技高速发展，农业生产技术、5G、大数据、物联网、区块链冷链物流等技术都在飞速发展，不仅促进了现代化农业的高速发展，而且为生鲜农产品的销售流通渠道升级奠定了扎实的技术基础。

生鲜农产品电商的快速发展极大地促进了生鲜物流行业的蓬勃发展，传统消费模式和购物习惯逐渐被网络技术改变。生鲜农产品的采购渠道已不再受当地农贸市场、超市或街头销售的限制。简单、有效的生鲜农产品电商，逐渐被越来越多的消费者所认可。生鲜农产品电商包括B2C、B2B、O2O等多种类型，O2O因能更好地保证生鲜农产品"最后一公里"的质量而受到行业青睐。比如，依托生鲜品类而快速升温的盒马鲜生，便是经典的由线下进入线上的"新零售生鲜"，极大提高了单店效率与顾客满意度。此外，国家也大力给予生鲜电商物流的政策扶持。2014年9月12日，国务院办公厅印发了《物流业发展中长期规划（2014—2020年)》，专门将"农产品物流"与"电子商务物流"作为未来要重点发展的物流领域，并要求进一步加大生鲜农产品的冷链运输配送设施建设，进一步健全冷链产品配送网络。国家的政策扶持无疑支持和刺激了电商企业和物流企业对生鲜物流的布局，促进了生鲜农产品电商物流仓储、运输、配送模式的演进和升级。线上线下融合不仅可以作为线下门店销售，增加整体收入，还可以吸引线下客户线上购买。线上电商平台销售和线下传统营销渠道对接融合的经营模式，不但省去了传统营销模式的一些中间环节，还大大降低了将商品直接送到消费者手上的价格，提高了同品类农产品的竞争力，降低了小批量、多批次直接交付给消费者带来的物流成本，以及生鲜农产品在运输、储存过程中损耗带来的成本。

2018年中国生鲜电商①CR5占比为63.1%，集中度高，头部效应明显。CR5在中国垂直生鲜电商市场占比为37.6%，较上年增长12.5%。市场集中度迅速提高，垂直生鲜及电商市场出现了向头部聚集

---

① 生鲜产品即生鲜农产品，生鲜电商即生鲜农产品电商，因文献常用简称"生鲜产品""生鲜电商"，本书亦不做区分。

的态势。① 2019 年，中国生鲜电商行业市场交易规模达 2796.2 亿元，比上年增长 36.7%。从市场集中度来看，2019 年生鲜电商行业前五名企业占比为 57.2%，头部效应明显。2019 年 10 月至今，生鲜电商的月度活跃用户数快速增长。2019 年 12 月，生鲜电商月活跃用户数达 3122.82 万，同比增长 82.5%。② 2020 年以来，由于受新冠疫情的影响，大部分消费者购物习惯发生了巨大变化，生鲜电商的月活跃度维持强劲的上涨势头。消费者对生鲜农产品的需求量将迅速上升，而农产品生鲜在电商市场的成交规模也将明显扩大。艾瑞咨询预测到 2023 年，生鲜电商市场的成交规模将达到 8000 亿元。③ 未来从不同角度整合不同层面的资源，发挥线上线下销售优势，是完善和升级生鲜电商销售模式的重要途径。

2012 年下半年以来，生鲜农产品市场增速保持在 40% 以上。2014年，全国生鲜电商交易规模达到 260 亿元，较 2013 年的 130 亿元足足增长了 100%。④ 但是，生鲜农产品电商还处于起步阶段，面临着物流、人才等诸多方面的困难。从 2012 年开始，国家大力支持生鲜农产品行业，助力生鲜电商，多次出台支持农产品生产、流通等方面的优惠政策。在国家的大力推动下，在"互联网＋物联网"信息技术蓬勃发展的情况下，生鲜农产品电商实现了线上批发、线上零售等便捷的销售方式。如今，中国越来越重视生鲜农产品电商的发展。

2014 年中央一号文件只提出了加强农产品电商服务平台建设。2015年中央一号文件明确，在探索创新农产品流通模式中，鼓励互联网电商、物流配送、商贸、金融机构等公司积极参与涉农电商网络平台工程建设。2016 年中央一号文件提出，加快农业现代化，助力农产品电商等新型农产品经营模式，实现全面小康。2017 年中央一号文件提出，要进一步推进农业供给侧改革，贴近民生，切实惠及农民。2018 年中央一号文件对

---

① 艾瑞咨询：《2019 年中国生鲜电商行业研究报告》，http：//report. iresearch. cn/report_pdf. aspx？ id＝3400。

② 艾瑞咨询：《2020 年中国生鲜电商行业研究报告》，https：//report. iresearch. cn/report_pdf. aspx？ id＝3620。

③ 艾瑞咨询：《2021 年中国生鲜电商行业研究报告》，https：//report. iresearch. cn/report_pdf. aspx？ id＝3776。

④ 产业信息网：《中国生鲜电商行业解决方案与投资策略规划报告》，https：//www. chyxx. com/industry/201906/748806. html。

做好"新三农时代"工作作出系统部署，走中国特色社会主义乡村振兴道路，用互联网谱写乡村全面振兴新篇章（即农产品电商等新模式）。淘宝不但针对优秀农产品商户推出"吃货助农"优惠活动，还针对直播店铺出台措施，在国内任何线下店铺都能够零门槛进入、免费注册应用等。2020 年 2 月，淘宝宣布将免除天猫等商家网站上半年的平台服务费，并努力支持中小企业发展。2020 年 1 月以来，拼多多向商户发出的多封站内信表明，拼多多对在疫情期内继续承接物流、保证正常经营、继续为消费者提供售后服务的商户予以补助，每次订单补助金为 2—3 万元。和淘宝直播有所不同的是，蘑菇街提出了"佣金双免"倡议，即达成合作的企业产品和品牌将以非常低廉的价钱销售产品，在 2020 年 3 月底前实现的总销量在 1000 亿元以内，那么店家就可以享受到网络平台租金与主播租金双免的优惠待遇。对入驻网络平台的大品牌商而言，这已经砍掉了直播电商平台业务中最大的流量费用成本，通常为销售额的 20%—30%。除了淘宝与拼多多，近两年发展势头强劲的快手电商更是出台了科技服务费的豁免办法，自 2020 年 2 月 9 日至 2020 年 12 月 31 日，对任何使用快手产品以及特定第三方网络电子贸易技术工具的商品订单，以及商户累积支付结算总额不高于 10 亿元（含）的部分免收科技服务费（豁免后，仅缴纳 1% 的渠道手续费）。奢侈品电商平台寺库也在 2020 年 2 月 5 日公开表示，在疫情的非常时刻将和国内高档卖场、国际名牌专柜、买手店、免税店、高档超市等进行合作，并以网络直播的形式边拍边卖。与寺库合作的商家，可获得 5 分钟内快速入驻、保证免租金、24 小时技术运营保障、3000 多万的高端会员流量保障、供应链服务保证和五星级售后服务。

随着电商的普及，"电子商务 + 生鲜农产品"的组合营销模式应运而生。但由于生鲜农产品容易变质，在运输过程中需要冷链物流来支撑，面临"最后一公里"的物流配送问题，这是一个需要突破的难题和重点。

由于生鲜农产品电商流通领域的特点，电商无法取代传统的市场商品流通模式，但生鲜电商能够有效增加商品流通操作环节的透明度，让双方的信息流交换更为便利（如预售模式）；可有效减低生鲜农产品贸易流动中的中间操作环节（如产品直接销售模式），从而大大减少流通成本，可以有效拓宽生鲜农产品的销售渠道，消除时间和空间带来的局限，打破地域差异带来的市场分割。由于生鲜农产品的特点和消费者的购买习惯，生鲜电商一方面依赖传统流通体系，另一方面也在改造传统流通体系，难以通过纯线下或纯线上渠道满足消费者的需求。因此，线上销售平台与线下传统渠道的融合模式，可以从根本上突破生鲜农产品电商的发展瓶颈，解决生鲜农产品流通效率低的问题。不过，生鲜农产品线上线下一体化毕竟是一种新的商业模式，还在探索过程中，有很多困难需要克服。

目前，中国生鲜农产品电商的主要模式有 B2B、B2C 和 C2C，参照其他行业以及国外生鲜农产品电商的成功经验，线上线下协同发展模式将是生鲜农产品电商发展的大趋势。同时，线下与线上的连接将为线下门店和线上电商"化敌为友"提供机会，改变相互挤对的竞争格局，使其实现合作融合，从而带来整体消费市场的升级。由此可见，线上销售平台与线下传统销售渠道的结合将是生鲜电商发展过程中的必然，但在融合过程中仍有不少问题需要解决。近年来，国内学者主要关注生鲜农产品电商的发展模式和物流配送模式，鲜有研究生鲜农产品电商与传统流通体系的融合发展，关于成熟度模型运用的研究更是凤毛麟角。成熟模式是生鲜农产品电商与传统流通体系的融合模式通过不同层次的推广，由不成熟向成熟转化的过程，是生鲜农产品与传统流通体系融合模式的最佳实践。

突如其来的疫情促使生鲜电商转向创新的经营模式。疫情时期，人手不足，市场覆盖范围严重受限，无法满足庞大的市场需求，依托微信的消费者购买群和社区接龙团购的生鲜电商受到了人们的青睐。与此同时，一批中小型国际化、区域性网络平台也应运而生，如国际化的生鲜电商平台以及社群电商、社会化电商、O2O、社区智慧生鲜柜，等等。由于疫情的影响，人与人之间的接触减少，消费者购物习惯不断改变，线上购物比例不断增加，给生鲜电商开辟了全新的发展方向。在不久的将来，在各类生鲜电商网络平台的竞争中，除了垂直平台与综合平台的争夺，中小型的地方与区域网络平台会有更多的合作可能性，之前生鲜电商运营中的一些困难可能很容易得到解决。生鲜电商在疫情期间发挥了保护环境与支持民生的功能，突出了其行业特点，也充分体现了其社会价值。

第二节 研究意义

伴随着生鲜农产品电商的快速发展，如何降低流通过程中的成本和损失，构建高质量的生鲜农产品流通体系，保障农产品的质量十分重要。本书在现有生鲜农产品电商和传统流通体系的基础上，分析二者运作模式的结合，从而推动生鲜农产品电商与传统流通体系的融合发展，其研究意义主要包括以下几点。

（一）帮助生鲜农产品电商增加线下商业模式

本书通过建立生鲜农产品电商和传统市场流通体系相融合的企业成熟度模型，对未来生鲜农产品电商的发展趋势和经营模式做了详尽的分析与评价，如代表企业日常优鲜度的"前仓＋到家"模式和O2O模式、叮咚杂货购物、普普超市等。对"线上销售、线下体验""线上销售、线下自提"等多种生鲜农产品O2O电商的运营模式进行研究，从货源、渠道管理、资金投入、物流难题、客户满意度等多层次多角度进行对比，分析目前生鲜农产品电商运营中的问题，提出适合目前形势发展的生鲜农产品O2O电商运营模式。深入分析了盒马鲜生的O2O模式，归纳出其运营特点，每个客户的价格都比较高。另外，本书揭示了生鲜农产品行业未来的发展规律，可以为相关电商企业在生鲜农产品行业选择商业模式提供一定的参考。

（二）帮助传统流通体系增加线上服务

当前，信息技术不断创新推动农业交易方式的深刻改变，电商、直播带货等将农业由传统的线下面对面交易转向线上交易。通过互联网与消费者建立全渠道、全天候互动，增强体验功能，发展体验消费。鼓励消费者通过互联网建立直接联系，开展合作消费，提高闲置资源配置和使用效率，有效地把市场供求关系转化至农业生产领域中，为农产品生产企业带来了决策基础，从而有效引导农业的精细化生产，降低了农业生产的盲目化与滞后性，降低了市场风险。借助互联网的高速发展，建立和完善农业质量监管平台，真正地保障民以食为天目标的实现。加快移动互联网、大数据、物联网、云计算、北斗导航、生物识别等现代信息技术在认证、交易、支付、物流等商务环节的应用推广。借助虚拟现实技术来模拟农产品的购买环境,给在线购买农产品的消费者一种环境沉浸感,进一步提升消费者的农产品网购体验。互联网技术增加了农产品买卖的便捷性和速度,可以减少农产品的生产环节和流通成本,从而扩大全国农产品的交易,改善全国农产品的网络购物体验,提升全国农产品的交换效率,有效推动全国农产品流通。线上与线下相互联动,提高了中国生鲜农产品行业的流通效率与服务水平,对中国构建高效的生鲜农产品流通模式、向国际贸易方向发展具有重要的现实意义。

(三)优化生鲜农产品流通体系

在传统的生鲜农产品流通体制中,流通环节相当复杂、效率低下是主要的突出问题。电商的线上线下融合,为生鲜农产品流通提供了更多可能。利用优势互补,就能够减少生鲜农产品的流通环节,提高产品流动效率,从而降低产品的流通成本,提高区域农产品的流通效率和质量。通过创新线上线下模式,有效整合农业线上线下资源优势,聚焦于农业生产流通领域的各个环节,通过提升农业产品流通领域效益可以提升一线农户的经济收入。农产品由产地通过冷链运输的方式直接送达消费者手中,有效缩短了整个生鲜农产流通环节,减少了产品腐败率,降低了中间商涨价次数,进而降低了农业产品流通成本,提升了农民收入。

(四)助力生鲜农产品及相关产业高速发展

打通与生鲜农产品流通相关的多个产业与平台,综合运用已有的便利店、快递服务等资源。同时,还可搭建农村物流合作平台,进行包装标准化和产品品牌化,促进种苗业、饲料业等相关产业发展,促进田间管理业、肥料业、商业加工业、包装加工业、保鲜加工业、仓储加工业等相关产业发展。加强大数据中心建设,利用大数据分析提高物流配送效能,科学合理规划配送路径,有效减少配送成本。满足市场上对产地冷库、流通冷库等的使用要求,促进更多低温冷藏车等设施及设备的使用,建立完善的对接、发货、卸货等冷链物流服务设施体系,为大卖场、超市等零售终端网点安装冷链物流服务设施,引进使用大冰箱等设备便捷规范的冷链物流运输单位,进一步升级冷链运输物流配送系统,减少冷链运输水平下降带来的损失。连接线上与线下,与供应商、网络运营商、金融机构、配套服务商、政府等合作,促进生鲜农产品与相关产业的协同发展。

（五）保障和改善民生

线上线下相融合的生鲜农产品电商能够给消费者带来更便利、个性化的服务，提高生活质量。由于云计算技术、大数据信息发掘等高新技术的融合与运用，极大限度地汇聚了帮扶资源，从而产生了依托大数据信息发掘的精确帮扶、信息技术精准扶贫、电商精准扶贫等全新的工作方法，有效推进着帮扶的互联网、精准化。开展农村电商扶贫工程，通过发展农村贫困地区供需信息互动网站，指导农村电商公司点对点联系农户，利用农村电商网络平台对接农民供求信息，拓展农村农作物订购、农资购买等途径，让农民从根本上解决"种什么、怎样种、种什么、怎么卖"的问题。另外，在疫情期间，电商的线上线下融合可以快速掌握消费者对商品或服务的反馈，大大减少人们外出的时间，降低了被病毒感染的风险。产区直接供应的果蔬也保证了疫情防控特殊时期蔬菜价格的稳定，除了保障民生需求。

（六）丰富了生鲜农产品流通体系的研究

目前，学术界对生鲜农产品电商的研究大多集中于运营模式、存在问题和未来发展等方面。但生鲜农产品电商和传统流通体系融合的研究相对较少，且未形成完整的研究体系，特别是结合成熟度模型的流通模式研究相对匮乏。另外，对农产品流通体系的定位和研究并不局限于流通本身，从当前农产品生产、流通、销售中存在的各种问题和矛盾来看，问题的症结在于传统流通体系无法满足未来农产品产业链的发展需求。因此，本书在建立成熟度模型的前提下，分析生鲜农产品电商与传统流通体系相结合的流通模式的不同阶段，从农产品流通过程的前、中、后三个角度对农产品流通体系进行优化，丰富了农产品流通体系创新的研究视角。在互联网运营背景下，基于农产品需求，加快农产品流通效率，减少农产品流通不畅的发生，有效提升产业链信息共享效果，顺应消费者对农产品的信息需求，有效提升农产品管理能力。

（七）揭示了生鲜农产品电商与传统流通体系融合的规律

网络技术与电商的深入普及，以及信息技术的快速渗透，为城乡双向商业流通体系的发展提供了更加有利的条件。利用互联网工具与供应链管理的方法，可以不断促进农业产业链融合，积极推动农产品供给侧结构性改革，构建农商互联通道，实现双线融合、合作共赢模式。本书对当前生鲜农产品电商体系和传统流通体制之间的融合模式，做出了分析和分类，并在此基础上研究了不同线上线下融合模式的关键要素，揭示了其协同演化的规律以及未来融合的演化趋势。

（八）创新了研究途径与方法

电商在生鲜农产品领域的有效运用，将能够使相关参与者最大限度地应对市场变革，从而分享在网络时代创造的红利，并赢得进一步发展的机会。本书提出了生鲜农产品电商和传统流通体系相互融合的协同契约模型，提炼了融合发展中的重要因素，确定了各种融合模型中的要素以及对融合发展的影响机制，并研究了当前生鲜农产品电商经营模式的发展特征、定位以及具体对策，为完善生鲜农产品供应链的融合发展提出了建议。

第三节　相关概念与理论

生鲜农产品具有非标准性、易腐性、易损性、变质性、季节性、地域性、周期性等不同于工业品的特性。随着互联网经济的发展和生鲜电商市场的崛起，生鲜电商领域的竞争着力点逐渐从终端用户向产业链前端延伸，巩固并优化生鲜电商模式成为提升生鲜电商竞争优势的关键。同时，中国城镇化进程的不断加快、人们对食品安全和食材品质要求的不断提升，以及消费行为、消费模式的逐渐"互联网＋"化，都使得传统的农产品流通体系越来越不适应时代及市场的发展需求。这既对生鲜电商物流模式提出了更高的要求，又带来了潜在的机遇。生鲜电商融合模式呈现与传统流通体系相伴共生、高度依赖冷链物流体系、对末端仓配建设要求高等特点。可以预测，传统流通体系与生鲜电商两种模式将长期共存、互为补充。

一　生鲜农产品的界定

生鲜农产品主要包括水果、蔬菜、肉类和水产品，生鲜农产品的特性决定了此类产品具有以下特点。

（1）生鲜农产品都是有机体

农产品都是动植物产品，生鲜农产品不仅包括蔬菜、水果、海鲜等活体，还包括肉类等有机体。由于生物体在空气中容易被氧化的固有性质，在生产、运输和储存过程中需要采取特殊措施，避免腐烂变质的发生。

（2）显著的季节性

生鲜农产品的生长具有季节性，因此其供应的季节性特征也非常明显，大部分生鲜农产品难以保存和运输。由此，生鲜农产品的供应会根据季节（即淡季和旺季），在质量和数量上波动。

（3）生鲜农产品不易储存和运输

相当一部分生鲜农产品是活体，在储存和运输过程中容易死亡，导致农产品变质腐烂。新鲜的水果、蔬菜和其他作物如果保存不当，很容易变质。在生鲜农产品的储存、运输和配送过程中，必须采取一定的措施来保持产品的新鲜。

（4）大多数生鲜农产品主要产于农村，但主要消费于城市

无论是水果、蔬菜、肉类还是海鲜，几乎都产自农村。但农村水果、肉类、水产品的消费量没有城镇的大，特别是一些高端生鲜农产品。

（5）对专业技术要求高

要想在流通过程中保鲜，就需要运用相关专业技术，对生鲜农产品的供应、保鲜、运输、销售等各个环节进行严格监控。

（6）生鲜农产品差异大

从炎热的赤道到寒冷的极地，从高山到河流和海洋，都出产新鲜的农产品。产品种类丰富，品种差异较大。这不仅体现在不同品种的差异上，同样的农产品在不同的产区也有不同的特点。

（7）生鲜农产品需要分层次销售

不同品种的生鲜农产品具有不同的品质等级和价格。同样，消费者的收入水平和消费能力不同，不同的消费者有不同的消费需求，所以生鲜农产品需要分层次销售。

（8）生鲜农产品供销不稳定

生鲜农产品的流通环节很多，从最初的生产到后期的加工销售都受到各种因素的影响，包括中间的运输环节，使得生鲜农产品的供应和销售波动较大。

（9）生鲜农产品的产量和质量受到自然规律的极大制约

生鲜农产品受自然条件和灾害的影响很大。目前，虽然人们已经能够干预自然灾害和作物生长，但是大多数生鲜农产品的生产取决于天气。农作物产量随着自然条件的变化波动较大，如果蔬产品的品质受雨水和气温的影响，直接影响生鲜农产品的价格和消费者的体验。

生鲜农产品有不同的分类方法。本书以生鲜农产品的加工程度与储运方法为划分基础，把生鲜农产品分成三种。一是初级生鲜产品，即在进行简易保鲜包装后才销售的未加工产品。二是冷冻生鲜商品、因保质期较短需要在冻结或冷藏状态下销售的农产品。三是加工生鲜商品，即通过简单加工或者烹饪后出售的商品。

二 O2O 模式的界定

O2O 通常是指线上到线下，是将网络中的消费者带到实体店体验或消费的方式。这种方式不同于传统电商的 B2B 和 B2C，具有线下和线上互动的优势。

互联网是线下和线上交流的平台。消费者可以通过互联网选择商品和服务，并在线支付，从而避免了在实体店购物的麻烦。商家可以利用网络平台吸引更多的消费者，或者根据线上销售数据分析消费者的各种特征，通过大数据分析和运营，找到潜在消费者和消费者喜欢的产品。其实线下与线上的互动不仅仅是从线上到线下的单向互动，更是线下到线上的互动，电商在线下建立实体店，吸引潜在消费者线下体验，或者组织线上用户和网络平台会员进行线下活动，通过线下实体店招募线上电商平台新客户，同时增强与现有客户的附着力。近年来，一些实体店企业，如线下经营生鲜产品的超市，开发了线上购物平台，线上和线下都有销售。

O2O 具有整合线上线下资源的优势，已经成为生鲜电商转型的主要方向，也正在成为生鲜电商领域的主流物流配送模式。在 O2O 模式下，首先，电商平台需要选择在线提供长期优质供应的生鲜农产品种植基地。其次，将生鲜农产品从生产基地运输到电商平台的仓储中心进行分拣保存。最后，消费者在线上下单后，仓储中心配送货物，然后配送。与传统农产品物流模式相比，这种直采直销模式大大减少了流通环节，减少了流通时间和损耗。

根据消费者接触到的各种线下形式，生鲜农产品 O2O 流通渠道可分为"农产品基地 + O2O 平台 + 社区店""农产品基地 + O2O 平台 + 智能菜箱""农产品基地 + O2O 平台 + 合作店""农产品基地 + O2O 平台 + 生鲜店"的四种模式。

（1）"农产品基地 + O2O 平台 + 社区店"模式

社区店作为配送渠道，电商将生鲜农产品配送到消费者附近的社区店。消费者可以选择取货，也可以等待社区店送货上门。

（2）"农产品基地 + O2O 平台 + 智能菜箱"模式

电商公司以智能菜箱作为主流流通机构的渠道，将产品放在消费者附近或他们指定的菜箱，消费者凭收到的密码取货。

（3）"农产品基地 + O2O 平台 + 合作店"模式

合作商店是流通组织的渠道，是指电商将生鲜农产品配送到消费者附近的合作商店，消费者可以在合作商店提货。

（4）"农产品基地 + O2O 平台 + 生鲜店"模式

产品直接从产地运输到生鲜店的各个网点，消费者到生鲜店提货，或者由生鲜店和 O2O 平台提供配送服务。

三 生鲜农产品传统流通体系

生鲜农产品流通体系不是各环节的简单组合，而是流通中各要素相互作用连接起来的有机综合体，影响因素有三种。一是渠道要素；二是载体要素；三是规范性和配套性要素。

渠道要素是指流通系统中的各种参与者及其关系。载体要素是生鲜农产品买卖双方进行交易的各种市场。规范性和配套性要素是指保障生鲜农产品有序生产和销售的各类设备、信息和法律制度。生鲜农产品渠道体系中的主体通过流通载体进行交易。无论是渠道主体还是流通载体，都必须有规范和支撑要素的支撑，遵守政府制定的规范。而且，规范和支撑体系反过来又进一步促进了渠道主体和流通主体的发展，使这两个主体提高了技术水平和信息沟通能力。可见，这三类要素相辅相成，缺一不可，是一个紧密的生鲜农产品流通体系的有机整体。

杨浩雄和田亚珍（2012）对中国生鲜农产品流通主体、流通环节和监管主体进行了研究，通过综合分析比较，提出了当前中国生鲜农产品流通模式。① 生鲜农产品流通体系是一个有机整体，与生鲜农产品流通相关的要素有三个：渠道体系要素、流通载体要素和规范支撑要素。在现有的传统生鲜农产品流通模式中，流通主体多、环节多，导致流通效率低、供应链协调难、监管成本高，难以满足消费者对生鲜农产品的需求。但传统的生鲜农产品流通体系也有优势，主要体现在消费终端的便利性和产业链上游农产品的购买。终端是零售市场，以实体店的形式展示生鲜农产品供消费者购买，符合消费者对生鲜农产品的购买习惯。网络广而密，给消费者带来了极大的便利。在产业链的采购中，由于生产者组织化程度低、市场意识弱，批发商可以通过采购整合这些分散的生产者，使这些生产者生产的生鲜农产品获得更广阔的市场空间和更高的价格。

第四节　文献综述

目前中国生鲜农产品电商多表现为传统电商平台的生鲜电商业务，主要包括 B2C、C2B、O2O 等运营模式，其中线上到线下是目前的研究热点，但除此之外，还有其他模式需要研究创新。国内外学者主要针对生鲜农产品电商的优缺点、生鲜农产品市场的运营模式、电商促进生鲜电商发展的机理、生鲜电商物流优化、生鲜电商与传统物流流通体系相融合等方面开展了丰富的研究，总结归纳了生鲜农产品电商的运作模式和流程，分析了生鲜农产品电商存在的问题，指出了运作过程中的难点和问题。电商能够促进生鲜农产品经济的蓬勃发展，为生鲜农产品经济带来更多的发展机遇，线上与线下融合发展是农产品市场未来的发展方向。但是针对生鲜农产品电商线上线下相融合发展，并根据成熟度理论来有效地评价生鲜农产品流通体系的成熟度仍处于空白阶段。

一　生鲜农产品电商运营模式相关研究

Baourakis et al.（2002）以克里特岛为例，考察了农产品市场与电商

---

① 杨浩雄、田亚珍：《我国鲜活农产品流通优化模式研究》，《广东农业科学》2012 年第13 期。

的关系，建立了一个理论框架，表明消费者和市场更倾向于使用电商这一新技术。[1] Folorunso et al. （2006） 提出互联网和代理技术将改变现有的农产品商业模式，设计了一个农产品电商代理，可以实现消费者和市场服务的沟通，从而检索到最佳价格。[2] Manouselis et al. （2009） 通过对100个案例的分析，认为希腊农产品电商市场具有较强的 B2B 趋势和良好的国际客户基础，农产品电商市场能够很好地促进农产品产业的发展。[3] Vlachos 和 Gutnik （2016） 调查了横向合作的中小企业在全球食品出口供应链中使用电商的情况。[4] Koo et al. （2016） 通过建立动态能力理论模型，研究出口企业的 B2B 营销策略。结果表明，电商对内部营销能力有积极影响，提高了出口绩效，通过电商促进了虚拟联盟的创建，并帮助企业和出口公司增加了对新的国外市场的出口销售。[5] Zheng et al. （2009） 通过对寿光蔬菜交易市场线上系统的研究，分析了 B2B 电子交易市场能够实现价值创造的个性化信息服务、实现过程控制、拥有战略合作伙伴网络的优势和关键因素。然而，该系统在农产品电商领域仍然面临技术和协作障碍。[6] Weng （2015） 通过对生鲜农产品冷链物流系统的研究，提出发展生鲜农产品电商迫切需要完善城市冷链物流、缓解交通

① Baourakis G. , Kourgiantakis M. , Migdalas A, "The Impact of E – commerce on Agro – food Marketing: the Case of Agricultural Cooperatives, Firms and Consumers in Crete", *British Food Journal*, Vol. 104, No. 8, September 2002.

② Folorunso O. , Sharma S. K. , Longe H. O. D. , "An Agent – based Model for Agriculture E – commerce System", *Information Technology Journal*, Vol. 5, No. 2, January 2006.

③ Manouselis N. , Konstantas A. , Palavitsinis N. , et al. "A Survey of Greek Agricultural E – markets", *Agricultural Economics Review*, Vol. 10, No. 1, January 2009.

④ Vlachos I P. , Gutnik S. , "Together We E – export: Horizontal Cooperation Among Austrian Food Companies in Global Supply Chains and the Role of Electronic Business Tools", *International Journal of Information Systems and Supply Chain Management*, Vol. 9, No. 1, January 2016.

⑤ Koo K. R. , Kim S. J. , Kim K. H. , "The Effects of Internal Marketing Capability on Export Marketing Strategy, B2B Marketing Mix and Export Performance", *Journal of Global Scholars of Marketing Science*, Vol. 26, No. 1, January 2016.

⑥ Zheng X. P. , Wang C. X. , Dong T. , et al. , "B2B E – marketplace Adoption in Agriculture", *Journal of Software*, Vol. 4, No. 3, May 2009.

压力，并分析了生鲜农产品冷链物流系统的现状和发展趋势。[①] Ma et al. (2018）研究了在中产阶级消费者通过电商环境对优质农产品需求不断增加的同时，农产品质量安全得不到保障的问题，创新性地建立了包括 6 个一级指标和 13 个二级指标的电商农产品质量健康安全指标体系，并对未来农产品电商的发展趋势提出了对策建议。[②] Ratnasingam（2008）考察了电商应用对农业产业发展的重大影响，运用美国密苏里州的例子分析了当前农业电商的主要优势与风险，并总结了经验教训，对于今后的理论研究、实际运用与研究方向有着重大意义。[③] Peng et al.（2020）从实证的角度，探讨冷链物流企业的资源共享如何提高企业的动态能力，从而激励价值创造行为，刺激业务发展，最终提高企业绩效。[④] Wang 和 Tao（2021）在探索农产品电商全渠道供应链逆向整合价值需求的基础上，构建了面向消费的业务流程、面向服务的组织和线性价值创造三种模式，并提出了具体实施路径，实现农产品电商全渠道供应链的标准化和现代化运作。[⑤]

丁菊玲（2014）通过对比分析国内外生鲜农产品电商运营模式，提出了建立生鲜农产品行业协会或合作社的电商运营模式，实现了生鲜农产品的标准化生产和统一电商运营模式。[⑥] 汤晓丹（2015）以沱沱工社为例，提出了以生鲜农产品电商企业为中心的供应链管理中存在的供应不稳定、物流运输困难、产品标准化程度低等问题，并给出了对合作伙伴

---

① Weng X., An J., Yang H., "The Analysis of the Development Situation and Trend of the City - oriented Cold Chain Logistics System for Fresh Agricultural Products", *Open Journal of Social Sciences*, Vol. 3, No. 11, November 2015.

② Ma C., Wang D., Hu Z., et al., "Considerations of Constructing Quality, Health and Safety Management System for Agricultural Products Sold Via E - Commerce", *International Journal of Agricultural and Biological Engineering*, Vol. 11, No. 1, January 2018.

③ Ratnasingam P., "The Role of E - commerce Adoption Among Small Businesses: An Exploratory Study", *International Journal of Cases on Electronic Commerce*, Vol. 2, No. 4, October 2008.

④ Peng B., Wang Y., Zahid S., et al., "Platform Ecological Circle for Cold Chain Logistics Enterprises: the Value Co - creation Analysis", *Industrial Management & Data Systems*, Vol. 120, No. 4, January 2020.

⑤ Wang J., Tao Y. D., "Reverse Integration and Optimisation of Agricultural Products E - commerce Omnichannel Supply Chain under Internet Technology", *Acta Agriculturae Scandinavica*, Vol. 71, No. 7, March 2021.

⑥ 丁菊玲：《生鲜农产品的电子商务运营模式分析与设计》，《福建电脑》2014 年第 11 期。

实施激励制度的优化方法，以减少损失、降低物流成本、提高消费者信任度。[①] 杨俊峰（2014）介绍了中国生鲜农产品电商配送模式的三种重要类型，指出了配送中存在的保障农产品新鲜度和品种、保证配送时效性等问题，提出了在社区签约大量实体店和基地、实行产地直产模式、整合物流资源降低配送成本的优化策略。[②] 胡冰川（2013）指出了生鲜农产品电商"冷链配送"的问题，提出了未来几年中国生鲜农产品电商的重点发展趋势。[③] 周海琴和张才明（2012）在实践中深入思考了中国农业电商的发展，总结了中国农村电商发展的两大核心要素和四个外围要素，并分析了围绕这些要素如何促进农业电商的发展。[④] 陈镜羽（2015）研究了当前生鲜农产品品牌在竞争电商与冷链产品物流市场的应用现状以及面临的问题，电商的应用主要从商品资讯更新、网上信息沟通和网络结算三个方面展开。而冷链物流的应用则主要聚焦于物流时效、配送方式和配送范围三个方面，并结合国情提出了建议。[⑤] 王志国（2020）总结当前农产品物流运输配送服务过程中出现问题的主要成因，借助云物流配送技术构建了物流配送模型，并给出了实施农产品产地"云存储"和"云物流配送"的新途径，阐明了中国农产品物流运输配送信息服务水平的规模化、集约化、综合型趋势。[⑥] 杨维霞（2020）根据"移动互联网＋"社群经营的特征及其对生鲜农产品供应链创新的影响，提出了移动社区生鲜农产品供应链模型，分析了其价值实现模式和运作特征，设计了这一创新模式的运作步骤，并针对这一供应链模式的运作价值和供应链其他节点成员提出了相应的对策建议。[⑦] 魏玲玲（2020）构建了完善

---

① 汤晓丹：《生鲜农产品电子商务企业为核心的供应链管理研究——以沱沱工社为例》，《物流科技》2015 年第 11 期。

② 杨俊峰：《生鲜农产品电子商务配送模式及优化策略》，《物流技术》2014 年第 23 期。

③ 胡冰川：《生鲜农产品的电子商务发展与趋势分析》，《农村金融研究》2013 年第 8 期。

④ 周海琴、张才明：《我国农村电子商务发展关键要素分析》，《中国信息界》2012 年第 1 期。

⑤ 陈镜羽：《我国生鲜农产品电子商务企业发展成熟度研究》，《中国市场》2015 年第 11 期。

⑥ 王志国：《云物流下生鲜农产品物流模式优化及资源整合研究》，《物流科技》2020 年第 12 期。

⑦ 杨维霞：《基于移动社群的生鲜农产品供应链模式探析》，《江西农业学报》2020 年第 11 期。

有效的生鲜农产品物流供应商管理模式，将有助于减少生鲜农产品在运输过程中的消耗与成本，同时提高食品安全水平。[1] 刘燕（2021）系统地分析了生鲜农产品电商社区提供模型，基于消费者终端的不同收货服务模式，把生鲜农产品电商社区提供模型分为送货到家、委托代收和自提配送三种类型，并考虑了几种物流模型共存的合作模型，以做到优势互补，提升了物流配送效果和顾客满意度。[2] 李蓉（2021）借鉴了推拉式物流供应商的运营管理模式，以农村和都市仓库为推拉边界，在既有模型的基础上添加了集货商和批发交易市场/第三方仓库两个运输节点，在两个运输节点中间又添加了"公交化"的运营方式和无人机物流配送模式，大大提高了生鲜农产品在都市物流配送的时效性与质量。[3]

二 生鲜电商 O2O 模式相关研究

Weaver（2001）通过对生鲜电商企业的调研，描述了电商交易的潜在优势及其需要的技术支持。[4] Lv 和 Zhou（2014）提出推广生鲜电商，要积极探索与移动终端高效融合的营销模式，通过分析数据，提供更有针对性的客户服务，制定合适的经营策略。[5] Guo et al.（2017）给出了低碳排放环境下生鲜农产品的电商企业两阶段正向/逆向物流网络以及路线规划模式。[6] Yeo（2017）认为物流服务是电商生鲜农产品营销的一个重要方面，运用结构方程模型研究了生鲜农产品的物流质量和顾客感知价值对电商物流绩效的影响。[7] Zhong（2017）针对 B2C 电商环境下传统生鲜农产品物流配送模式的问题，提供了一个更完善的物流配送方法，消

---

① 魏玲玲：《生鲜农产品物流供应链模式研究》，《农场经济管理》2020 年第 10 期。

② 刘燕：《生鲜农产品社区电商供应链运作模式研究》，《商业经济研究》2021 年第 4 期。

③ 李蓉：《生鲜农产品城市配送运作模式研究》，《惠州学院学报》2021 年第 1 期。

④ Weaver D., "Why Use E – Commerce for Trading Produce?", *Fresh Produce Journal*, Vol. 30, March 2001.

⑤ Lv D., Zhou Q. H., "Development Model of Agricultural E – commerce in the Context of Social Media", *International Conference on Biomedicine and Pharmaceutics*, Vol. 6, No. 7, December 2014.

⑥ Guo J., Wang X., Fan S., et al., "Forward and Reverse Logistics Network and Route Planning under the Environment of Low – Carbon Emissions", *Computers & Industrial Engineering*, Vol. 106, No. C, April 2017.

⑦ Yeo G., "A Study on the Logistics Service Quality Influencing Performance of B2C in Agriculture Products Through E – Commerce", *Korean Journal of Logistics*, Vol. 25, No. 3, March 2017.

费热区划分应依据公司实际背景，以符合生鲜产业对公司物流硬件设备的需求。[1] Yang 和 Peng（2021）以盒马鲜生的新零售案例为驱动，研究了由单个供货商与独立零售店所构成的双梯队生鲜供应商的协同问题，讨论了风险偏好和谈判能力如何影响生鲜供应链的合同选择和额外利润分配。[2] Wu（2017）基于生鲜电商的运营特点，研究了电商模式下冷链物流的运营体系，构建了该体系的风险评价模型，并提出了冷链物流的安全控制措施。[3] Visser et al.（2014）通过对荷兰和日本生鲜电商行业在送货上门方面的调查，提出了送货上门行业未来的发展趋势及其对城市的影响。[4] Lawley（2015）从生鲜配送服务、超快快递服务以及亚马逊零售链中扫描仪创建的购物清单等方面，研究了电商模式下生鲜零售行业的转型。[5] Zheng et al.（2021）聚焦生鲜农产品供应链，探索供应链成员保鲜努力的最佳渠道选择策略，为全渠道零售环境下生鲜产品行业的可持续发展提供管理见解。[6]

O2O 电商模式引入中国后，引起了国内学术界的广泛关注。目前，学者们对线上线下的研究主要集中在概念、分类、发展模式和存在的问题等方面。姜奇平（2011）将 O2O 模式分为两类，即交易销售和顾问销售。[7] 吴芝新（2012）认为通过线上营销和线下运营提升消费者的消费体验是 O2O 的本质。[8] 王丹鹤（2021）指出，由于线下服务企业的服务质量水平差异较大，消费者很难判断线上商家的信誉和资质，消费者在选

[1]　Zhong P., "Research of Fresh Meat Food Logistics Distribution Mode in B2C E – commerce Environment", *Food Research and Development*, Vol. 38, No. 4, April 2017.

[2]　Yang H., Peng J., "Coordinating A Fresh – product Supply Chain with Demand Information Updating: Hema Fresh O2O platform", *Rairo – Operations Research*, Vol. 55, No. 1, February 2021.

[3]　Wu J. H., "Research on Operation and Risk Control of Cold Chain Logistics of Electricity Supplier Fresh Products", AGRO FOOD INDUSTRY HI – TECH, Vol. 28, No. 3, May 2017.

[4]　Visser J., Nemoto T., Browne M., "Home Delivery and the Impacts on Urban Freight Transport: A Review", *International Confrence on City Logistics*, Vol. 125, No. 20, March 2014.

[5]　Lawley R., "The changing face of food retailing", *Food Engineering & Ingredients*, Vol. 40, No. 11, January 2015.

[6]　Zheng Q., Wang M., Yang F. Zheng Q., "Optimal Channel Strategy for A Fresh Produce E – commerce Supply Chain", *Sustainability*, Vol. 13, No. 11, May 2021.

[7]　姜奇平：《O2O 商业模式剖析》，《互联网周刊》2011 年第 19 期。

[8]　吴芝新：《简析 O2O 电子商务模式》，《重庆科技学院学报》（社会科学版）2012 年第 13 期。

择 O2O 消费模式时存在诸多顾虑。[①] 王娜（2012）在调研中发现，现阶段有部分 O2O 平台能够以从线下店铺中收取的交易佣金而获利，O2O 平台为了获取更大的收益，可能会通过降低商家的资质审查让一些无良商家加入，这会导致消费者对 O2O 平台的信任度下降。[②] 吕春燕（2019）则认为，品牌不统一、配送成本高昂、消费者群体黏性降低，是制约 O2O 在生鲜社区发展的瓶颈问题。要采取构建新产销模式、健全冷链配送、增加品牌效应、创新销售推广方法，逐步推动生鲜社区 O2O 的健康发展。[③] 方艳丽（2013）认为在线上转线下时，强化政府对线下商家经营活动的监督急需商户和工商监管部门的积极参与。[④] 陈锦标（2012）认为 O2O 营销模式的发展必须解决以下三个关键问题：一是对线下店铺的商业诚信管理，二是对平台的流程管控，三是平台的同质化竞争。[⑤] 唐贵伍和王慧（2014）运用 SWOT 分析法定性分析了中国电商对 O2O 模式发展的重要影响因素。[⑥] 郭馨梅和张健丽（2014）[⑦]、刘静（2014）[⑧]、宿丽霞等（2015）[⑨] 分析了 O2O 生鲜电商目前的经营管理模式，并提出了生鲜电商存在的问题。杨柳等（2015）对生鲜 O2O 进行了研究，从生产、物流配送、终端服务以及消费者四大方面入手，提出了从线上到线下的优化措施。[⑩] 李源和李静（2020）发现 O2O 电商在商业模式和食品安全方面存在同质化竞争、盈利模式单一、产品质量保障不足等问题。[⑪] 张旭梅等（2019）根据价值链理论，从价值发现、价值创新和价值实现三个层

① 王丹鹤：《电子商务时代 O2O 多元网络营销冲突与合作模式构建》，《商业经济研究》2021 年第 18 期。

② 王娜：《电子商务中的 O2O 模式》，《山东行政学院学报》2012 年第 120 期。

③ 吕春燕：《基于社区 O2O 的河源生鲜农产品电商模式研究》，《知识经济》2019 年第 30 期。

④ 方艳丽：《O2O 电子商务新模式的浅析》，《无线互联科技》2013 年第 6 期。

⑤ 陈锦标：《O2O 在中国未来发展趋势》，《计算机光盘软件与应用》2012 年第 22 期。

⑥ 唐贵伍、王慧：《我国电子商务 O2O 模式发展战略分析》，《商业时代》2014 年第 33 期。

⑦ 郭馨梅、张健丽：《我国零售业线上线下融合发展的主要模式及对策分析》，《北京工商大学学报》（社会科学版）2014 年第 5 期。

⑧ 刘静：《基于 O2O 模式的零售企业渠道变革》，《企业导报》2014 年第 17 期。

⑨ 宿丽霞等：《物流企业跨界 O2O 的运营模式探析》，《物流技术》2015 年第 3 期。

⑩ 杨柳、翟辉、冼至劲：《生鲜产品的 O2O 模式探讨》，《物流技术》2015 年第 3 期。

⑪ 李源、李静：《"互联网+"背景下生鲜农产品 O2O 电商模式与改进策略》，《商业经济研究》2020 年第 20 期。

次建立了面向商品与服务全面增值的生鲜电商 O2O 商业模式的实施途径。① 田宇等（2021）构建批发模式和佣金模式下的供应链博弈模型，分析不同模式下新鲜度敏感系数对供应链最优决策的影响，探索生鲜电商的最优合作模式选择；根据生鲜电商与零售店合作模式可以改进的情况，设计了转移支付合同，分析了合作模式改进对定价、服务和保鲜策略的影响。② O2O 模式方面的代表性研究还有欧伟强和沈庆琼（2014）③、王昳（2014）④ 等。

近年来，生鲜农产品 O2O 发展迅速，越来越多的学者开始关注生鲜农产品 O2O，主要研究方向为线上线下、O2O 分销和 O2O 供应链。学者们认为，生鲜农产品对食品保鲜的要求决定了线上到线下在生鲜农产品领域比其他行业具有更好的发展前景。线上线下融合的过程中，要注意产品类型、价格、推广方式、物流的融合。只有实现线上线下的无缝衔接，才能解决当前生鲜电商存在的供应链问题。此外，还研究了带时间窗的配送路线优化，特别是软时间窗约束，以及运用平衡计分卡和层次分析法对物流配送模式的分析和选择。⑤ 当前生鲜农产品供应链管理的最大障碍就是中小型产品市场和大型市场之间的冲突。需要制定基于供应链管理的相关政策，以减少交易成本，从而减少整条产业链长度，完善配套设施，方便客户体验式购买和交付。⑥ 生鲜农产品物流配送有四个比较经典的管理模式：通过共享的联盟物流配送服务管理模式、通过价值网络的协作（联盟）物流配送服务管理模式、通过长期协作的第三方网

---

① 张旭梅、张旭梅等：《生鲜电商 O2O 商业模式实现路径》，《西北农林科技大学学报》（社会科学版）2019 年第 2 期。

② 田宇、但斌等：《保鲜投入影响需求的社区生鲜 O2O 模式选择与协调研究》，《中国管理科学》2021 年第 12 期。

③ 欧伟强、沈庆琼：《我国生鲜电商 O2O 模式发展探析》，《宁德师范学院学报》（哲学社会科学版）2014 年第 3 期。

④ 王昳：《对于我国生鲜电商发展的建议》，《商业研究》2014 年第 18 期。

⑤ 刘杨青：《电子商务环境下生鲜农产品配送模式研究发展现状》，《物流工程与管理》2014 年第 2 期；王艳玮、王拖拖等：《生鲜农产品网上超市物流配送模式选择研究》，《经济与管理》2013 年第 4 期。

⑥ 李季芳：《我国生鲜农产品供应链管理思考》，《中国流通经济》2007 年第 1 期；胡冰川：《生鲜农产品的电子商务发展与趋势分析》，《农村金融研究》2013 年第 8 期；李作聚：《生鲜电商冷链物流发展模式，问题与思路》，《中国物流与采购》2013 年第 24 期。

络物流配送服务管理模式，以及通过 *JIT* 的自营网络物流配送服务管理模式。[1] Beske 和 Seuring（2014）从可持续性、连续性、合作、风险管理和主动性五大方面开展了研究，以持续实现企业供应链管理工作的目标。[2] Zhao et al.（2020）深入研究了大数据环境下 B2C 电商物流配送的大数据处理、业务流程和路径优化，实现了 B2C 电商的最优配送，降低了 B2C 电商物流的配送成本，提高了大数据下 B2C 电商物流的配送效率。[3] Yang et al.（2021）分析了生鲜农产品可持续供应链管理的动态驱动因素，指出生鲜农产品的生产、加工、运输和消费对整个生鲜供应链的可持续发展有很大影响。[4] Leat 和 Revoredo-Giha（2013）调查了苏格兰主要的猪肉供应链，指出了发展灵活农产品供应体系面临的主要风险和挑战，提出通过风险管理以及与利益相关者间的协作来增强供应链的灵活性。[5] 叶炎珠（2020）提出了基于 O2O 平台模式的全新移动生鲜电商营销模式。[6] Sharma 和 Pai（2015）利用贝叶斯网络研究冷链供应链，有助于政府和非政府组织分析冷链的有效性，为投资者分析不同地区的冷链提供投资决策。[7] Gan 和 Cheng（2015）提出了基于 Agent 模型的建筑垃圾回填动态供应链管理，通过协商算法优化供应链结构，从而降低回填运输成本。[8] Tidy et al.（2015）以英国超市行业的供应

---

[1]　Bucki R, Suchánek P, "The Method of Logistic Optimization in E – commerce", *Journal of U-niversal Computerence*, Vol. 18, No. 10, January 2012.

[2]　Beske P, Seuring S, "Putting Sustainability Into Supply Chain Management", *Supply Chain Management An International Journal*, Vol. 19, No. 3, May 2014.

[3]　Zhao Y, Zhou Y, Deng W, "Innovation Mode and Optimization Strategy of B2C E – Commerce Logistics Distribution under Big Data", *Sustainability*, Vol. 12, No. 8, March 2020.

[4]　Yang J, Liu H, Xiao F, et al., "Identification of Key Drivers for Sustainable Supply – chain Management of Fresh Food Based on Rough Dematel", *International Journal of Information Systems and Supply Chain Management*, Vol. 14, No. 2, April 2021.

[5]　Leat P, Revoredo-Giha C., "Risk and Resilience in Agri – food Supply Chains: the Case of the ASDA PorkLink Supply Chain in Scotland", *Supply Chain Management*, Vol. 18, No. 2, March 2013.

[6]　叶炎珠：《基于 O2O 平台的移动生鲜电商运营模式分析》，《现代商业》2020 年第 3 期。

[7]　Sharma S, Pai S. S., "Analysis of Operating Effectiveness of A Cold Chain Model Using Bayesian Networks", *Business Process Management Journal*, Vol. 21, No. 4, July 2015.

[8]　Gan V. J. L., Cheng J. C. P., "Formulation and Analysis of Dynamic Supply Chain of Back Fill in Construction Waste Management Using Agent – Based Modeling", *Advanced Engineering Informatics*, Vol. 29, No. 4, October 2015.

商为例，研究了供应商关系管理在减少食品供应链温室气体排放中的作用。[1] Badurdeen et al.（2014）提出了一种供应链多层次风险建模与分析方法，根据贝叶斯理论分析事件之间的条件关系，评价影响供应链绩效的因素。[2] Jadhav et al.（2019）确定了供应链合作及沟通和供应链环境可持续绩效之间的第二条路径，发现不同的上合组织结构在供应链可持续绩效中的作用路径不同。[3] Besik 和 Nagurney（2017）基于与生鲜农产品质量劣化相关的化学和温度公式，提出了一个生鲜供应链网络布局框架，并验证了其适用性。[4] Parast 和 Subramanian（2021）确定了供应链中断风险的四个驱动因素，即需求中断风险、供应中断风险、流程中断风险和环境中断风险；实证结果表明，供应中断风险和流程中断风险对供应链绩效有很大的影响。[5] de Keizer et al.（2017）将生鲜农产品质量的不均匀衰减和异质性整合到网络设计模型中，综合考虑运输、存储和交付时间等因素进行供应链网络设计决策。[6] Jiang et al.（2021）采用了网络研发方法与数据采集技术，并利用结构方程建模、多层次的回归分析方法以及重要绩效分析等对所采集的数据做出了分析，经过检验研究结果假设，发现生鲜电商物流服务评价系统中的个人接触质量、时效性以及共情性，对于生鲜电商物流服务的消费者评价具有重

---

① Tidy M., Wang X., Hall M., "The Role of Supplier Relationship Management in Reducing Greenhouse Gas Emissions From Food Supply Chains: Supplier Engagement in the UK Supermarket Sector", *Journal of Cleaner Production*, Vol. 112, No. 4, October 2015.

② Badurdeen F., Shuaib M., Wijekoon K., et al., "Quantitative Modeling and Analysis of Supply Chain Risks Using Bayesian Theory", *Journal of Manufacturing Technology Management*, Vol. 25, No. 5, May 2014.

③ Jadhav A., Orr S., Malik M., "The Role of Supply Chain Orientation in Achieving Supply Chain Sustainability", *International Journal of Production Economics*, Vol. 217, November 2019.

④ Besik D., Nagurney A., "Quality in Competitive Fresh Produce Supply Chains with Application to Farmers Markets", *Socio – Economic Planning Sciences*, Vol. 60, December 2017.

⑤ Parast M. M., Subramanian N., "An Examination of the Effect of Supply Chain Disruption Risk Drivers on Organizational Performance: Evidence From Chinese Supply Chains", *Supply Chain Management – an International Journal*, Vol. 26, No. 4, January 2021.

⑥ de Keizer M., Akkerman R., Grunow M., et al. Keizer M D, "Logistics Network Design for Perishable Products with Heterogeneous Quality Decay", *European Journal of Operational Research*, Vol. 262, No. 2, October 2017.

要的正面影响。①

在 O2O 模式下，企业和消费者之间的联系也变得越来越密切。Pan 和 Fesenmaier（2006）②、冯圆梦等（2019）③ 通过对数据样本进行描述性数据分析，发现顾客期望对消费者满意度有消极影响，但认知质量与感知价值对消费者满意度有正面影响。陈湘青（2016）认为可以从信息搜索、线上支付、线下体验、购后维权四个维度来衡量客户满意度。④ 刘璨利和樊相宇（2015）对 O2O 本地服务的客户满意度进行研究，运用层次分析法分析出对 O2O 本地服务客户满意度影响最大的四个因素分别是产品描述符合性、线下服务态度、退款支付和客户隐私。⑤ 目前，线上到线下更侧重于服务消费，包括旅游、餐饮、电影、美发、团购和医疗等行业。餐饮业是 O2O 模式中增长最快的，其特点是投资成本低、消费需求高，因此对于餐饮业 O2O 的研究⑥也较多。代莉和邓少灵（2016）⑦ 从定性与定量的视角入手，利用统计分析、结构方程模型以及模糊评价模型，综合分析了线上线下在线外卖对消费者满意度的影响因素。周利星（2021）对社区生鲜 O2O 购买意愿进行了实证分析，构建了消费者认知

① Jiang Y., Lai P., Chang C. H., et al., "Sustainable Management for Fresh Food E – Commerce Logistics Services", *Sustainability*, Vol. 13, No. 6, March 2021.

② Pan B., Fesenmaier D. R., "Online Information Search: Vacation Planning Process", *Annals of Tourism Research*, Vol. 33, No. 3, July 2006.

③ 冯圆梦、王虹等：《生鲜 O2O 模式下顾客满意度影响因素研究——以百果园为例》，《中国林业经济》2019 年第 6 期。

④ 陈湘青：《O2O 电子商务顾客满意度分析》，《商业经济研究》2016 年第 14 期。

⑤ 刘璨利、樊相宇：《基于 AHP 的 O2O 本地服务顾客满意度分析》，《商场现代化》2015 年第 22 期。

⑥ Ryu K., Lee H. R., Kim W. G., "The Influence of the Quality of the Physical Environment, Food, and Service on Restaurant Image, Customer Perceived Value, Customer Satisfaction, and Behavioral Intentions", *International Journal of Contemporary Hospitality Management*, Vol. 24, No. 2, August 2012；谭江涛、黄丽婷：《餐饮业顾客满意度指数模型的实证研究——基于大学饮食服务中心的实地调研》，《兰州商学院学报》2014 年第 1 期；王樱洁、刘禹恒等：《外卖 O2O 平台的顾客满意度及价格弹性探究——基于西南财经大学抽样调查数据》，《市场论坛》2015 年第 4 期；于丽娟、刘成铭：《O2O 模式下外卖订餐的顾客满意度评价指标体系构建》，《经营与管理》2015 年第 11 期；陈修齐、林巧彬：《小微企业 O2O 平台微创新研究——基于"一米送"公司顾客满意度 SEM 模型》，《闽江学院学报》2015 年第 3 期。

⑦ 代莉、邓少灵：《基于结构方程的餐饮 O2O 客户满意度研究——以"饿了么"为例》，《电子商务》2016 年第 1 期。

价值的理论，建立理论模型，利用回归分析检验感知值对购物意向的影响，以及消费心态的部分中介效用。①

三　生鲜农产品电商物流优化的相关研究

近些年，生鲜商品物流配送中心选址问题引起国内外研究者的重视。Drezner 和 Scott（2013）单一生鲜商品物流及配送中心的选址问题，将库存和选址决策相结合，建立模型，并采用 Weiszfeld 算法以总成本最小为目标进行求解。② Govindan et al.（2014）考虑优质生鲜商品，构建了可持续物流配送中心选址的多目标优选模式，采用多目标粒子群优化和自适应多目标变量邻域搜索的混合方法求解。③ Shui et al.（2020）提出了一种协作优化机制，包括一种新的冷链车辆定价模型和一种新的路径规划模型，目的是保证生鲜产品质量，降低物流成本，提高企业盈利能力。④ Zhang et al.（2017）针对易腐生鲜产品的特性，构建考虑消费者满意度与成本的目标模型，并通过改进的启发式算法实现了求解。⑤ Hiassat et al.（2017）建立了配送中心选址决策加入库存路径问题的优化模型，采用遗传算法和局部搜索启发式方法进行求解。⑥ 王敏浩等（2020）通过建立生鲜农产品电商配送运输的多目标线性规划模式，运用层次排序法结合 LINGO 软件进行问题求解，建立了相关的运输优化方法。⑦ 杨珺等（2011）研究了多用途生鲜商品物流配送中心的选址问题，考虑到易腐产

①　周利星：《基于顾客感知价值的社区生鲜 O2O 购买意愿研究》，《河南工程学院学报》（社会科学版）2021 年第 1 期。

②　Drezner Z. , Scott C. H. , "Location of a Distribution Center for a Perishable Product", *Mathematical Methods of Operations Research*, Vol. 78, No. 3, July 2013.

③　Govindan K. , Jafarian A. , Khodaverdi R. , et al. , "Two – echelon Multiple – vehicle Location – routing Problem with Time Windows for Optimization of Sustainable Supply Chain Network of Perishable Food", *International Journal of Production Economics*, Vol. 152, No. 2, June 2014.

④　Shui W. , Li M. , "Integrated Pricing and Distribution Planning for Community Group Purchase of Fresh Agricultural Products", Vol. 3, No. July 2020, July 2020.

⑤　Zhang H. , Xiong Y. , He M. , et al. , "Location Model for Distribution Centers for Fulfilling Electronic Orders of Fresh Foods under Uncertain Demand", *Scientific Programming*, Vol. 19, October 2017.

⑥　Hiassat A. , Diabat A. , Rahwan I. , "A Genetic Algorithm Approach for Location – inventory – routing Problem with Perishable Products", *Journal of Manufacturing Systems*, Vol. 42, January 2017.

⑦　王敏浩等：《生鲜农产品电商物流运输多目标优化》，《物流技术》2020 年第 5 期。

品的时效性和一些易腐产品在生命周期中的通用性，采用拉格朗日松弛算法进行计算。[①] 杨浩雄等（2015）采用二级配送的乳品物流配送中心选址模式，考察了生鲜产品的腐败成本，并用遗传算法求解。[②] 肖建华等（2015）综合考虑了生鲜农产品的时效性与响应特性，建立了基于不等覆盖半径的生鲜农产品配送中心选址模式，以及提供的基于自适应遗传算法的动态膜进化算法。[③] 杨晓芳等（2016）以物流成本最小化和顾客满意度最大化为目标，建立了基于配送中心时效性和新鲜度的冷链物流配送多目标选址优化模型。[④]

合理安排生鲜农产品物流配送路线，能够有效提升公司的物流配送效率与经济效益，因此，生鲜农产品物流配送路线成为近年来学者们的研究热点。Coelho 和 Laporte（2014）兼顾了易腐商品的存货管理与配送优化，构建了以销售收入最大化为目标的混合整数线性规划模式。[⑤] Belo-Filho et al.（2015）充分考虑时间窗和运送车辆能力等的限制，给出了易腐产品制造与配送的联合优化模式。[⑥] Song 和 Ko（2016）考虑了冷链车辆和易腐产品的特性，建立了车辆配送路线规划的非线性数学模型和启发式算法，提出了一种自适应的大邻域搜索框架。[⑦] Vahdani 和 Niaki（2017）基于不同车辆的不同运输能力，改进了生鲜产品物流模式。[⑧] Wei

---

① 杨珺等：《多用途易腐物品配送中心选址问题研究》，《中国管理科学》2011 年第 1 期。

② 杨浩雄等：《基于两级配送的易腐乳品配送中心选址研究》，《计算机工程与应用》2015 年第 23 期。

③ 肖建华等：《基于非等覆盖半径的生鲜农产品配送中心选址》，《系统工程学报》2015 年第 3 期。

④ 杨晓芳等：《基于新鲜度的冷链物流配送多目标优化模型》，《计算机应用研究》2016 年第 4 期。

⑤ Coelho L. C., Laporte G., "Optimal Joint Replenishment, Delivery and Inventory Management Policies for Perishable Products", *Computers & Operations Research*, Vol. 47, No. 7, July 2014.

⑥ Belo – Filho M. A. F., Amorim P., Almada – Lobo B., "An Adaptive Large Neighbourhood Search for the Operational Integrated Production and Distribution Problem of Perishable Products", *International Journal of Production Research*, Vol. 53, No. 20, February 2015.

⑦ Song B. D., Ko Y. D., "A Vehicle Routing Problem of Both Refrigerated and General – type Vehicles for Perishable Food Products Delivery", *Journal of Food Engineering*, Vol. 169, January 2016.

⑧ Vahdani B., Niaki S. T. A., "Production – Inventory – Routing Coordination with Capacity and Time Window Constraints for Perishable Products: Heuristic and Meta – heuristic Algorithms", *Journal of Cleaner Production*, Vol. 161, No. 10, September 2017.

（2021）构建了生鲜电商的三种新经营模式，包括售前模式、垂直物流模型和价格主张模式，并给出了新经营模式的具体实现途径，即通过尽可能减少企业的运输成本，增加生鲜商品的线上市场份额，从而增强生鲜电商的竞争优势。[①] 赵梅（2020）总结了生鲜冷链产品物流产业的现状与发展趋势，并提出了积极推动冷链技术升级、完善行业规范建设、提升仓储水平等优化对策。[②] 李峰和魏莹（2010）研究了以易腐货物的时变车辆路径问题，以遗传计算来寻找问题的最优解法。[③] 王红玲等（2010）以生鲜商品的在途停留最短时间、物流配送成本最低点为设计优化研究目标，构建了生鲜商品的物流路径优选模式，并通过基于精益搜索策略的改进粒子群优化计算实现求解。[④] 闫妍等（2012）提供了一个处理易腐物品配送网络中突发故障的节点扩展策略，通过比较网络的正常工作情况以及单个节点的故障，并使用 CPLEX 软件实现求解。[⑤] 殷亚和张惠珍（2017）通过时窗模糊处理方法定义了顾客满意度函数，通过细分易腐生鲜产品，定义冷藏成本，构建了最优路径选择的多目标模式，并且提供了一个改进的混合 Bat 算法求解该模式。[⑥]

关于 LRP 的研究可追溯到 20 世纪 60 年代，Von（1961）首先讨论了交通运输中选址和路线优化的关系。[⑦] Watson – Gandy 和 Dohrn（1973）最早考虑 LRP 的实际情况，结合运输车辆停在多个需求点的特点和定位

① Wei W. J. , "Study on Inventions of Fresh Food in Commercial Aspects Using E – commerce O-ver Internet", *Acta Agriculturae Scandinavica Section B – Soil and Plant Science*, Vol. 71, No. 4, January 2021.

② 赵梅：《电子商务环境下生鲜农产品冷链物流现状分析及优化研究》，《现代农业研究》2020 年第 7 期。

③ 李锋、魏莹：《易腐货物配送中时变车辆路径问题的优化算法》，《系统工程学报》2010 年第 4 期。

④ 王红玲等：《基于改进粒子群算法的生鲜农产品配送路径优化研究》，《安徽农业科学》2010 年第 31 期。

⑤ 闫妍等：《基于弹性供应链的易腐品物流配送计划》，《系统管理学报》2012 年第 2 期。

⑥ 殷亚、张惠珍：《易腐生鲜货品车辆路径问题的改进混合蝙蝠算法》，《计算机应用》2017 年第 12 期。

⑦ Von Boventer E. , "The Relationship Between Transportation Costs and Location Rent in Transportation Problems", *Journal of Regional Science*, Vol. 3, No. 2, December 1961.

运输网络，对基于多点配送的定位路径问题进行了真正意义上的探讨。[1] Min et al.（1998）总结了位置—路径研究的发展过程，结合实际应用讨论了 LRP 扩展模型及相应的求解算法，并针对 LRP 问题提出了分类方法。[2] Vincent et al.（2010）建立了多仓库单车模型的 LRP 混合整数规划模型，并采用改进的模拟退火算法进行整体求解，取得了较好的收敛结果。[3] Ilyashenko et al.（2021）利用粒子群优化算法，提出了一种新的方法，并通过不同尺度的随机数值例子研究了该方法的性能。[4] Ghaffari – Nasab et al.（2013）构建了具有随机行走时间的双目标 LRP 模型，总体目标为降低总造价与汽车运输时间，并设计了一个可变邻域下降算法来处理这一实际问题。[5] Zarandi et al.（2013）使用三角模糊变数把需求与车辆的交付持续时间作为模糊变量引入了 LRP 模式，并通过模糊聚类分析法的二阶段计算加以解决。[6] Mehrjerdi 和 Nadizadeh（2013）针对 LRP 问题，提出了一种模糊机会约束的数学建模方法。初始解由聚类算法生成，在优化阶段由蚁群算法求解。[7] Nadizadeh 和 Sabzevari（2021）研究了新版本的 LRP，并开发了一个启发式 GRASP 来解决标准测试问题，可

① Watson – Gandy C. D. T., Dohrn P. J., "Depot location with Van Salesmen – A Practical Approach", *Omega*, Vol. 1, No. 3, June 1973.

② Min H., Jayaraman V., Srivastava R., "Combined Location – Routing Problems: A Synthesis and Future Research Direction", *European Journal of Operational Research*, Vol. 108, No. 1, July 1998.

③ Vincent F. Y., Lin S. W., Lee W., et al., "A Simulated Annealing Heuristic for the Capacitated Location Routing Problem", *Computers & Industrial Engineering*, Vol. 58, No. 2, March 2010.

④ Ilyashenko L. K., Ibatova A. Z., Pavlova E. S., et al., "A New Approach Based on Particle Swarm Algorithm to Solve the Location – Routing Problem with Simultaneous Pickup and Delivery", *Industrial Engineering and Management Systems*, Vol. 20, No. 2, February 2021.

⑤ Ghaffari – Nasab N., Jabalameli M. S., Aryanezhad M. B., et al. "Modeling and Solving the Bi – objective Capacitated Location – routing Problem with Probabilistic Travel Times", *International Journal of Advanced Manufacturing Technology*, Vol. 67, No. 8, November 2013.

⑥ Zarandi M. H. F., Hemmati A., Davari S., et al., "Capacitated Location – routing Problem with Time Windows under Uncertainty", *Knowledge – Based Systems*, Vol. 37, January 2013.

⑦ Mehrjerdi Y. Z., Nadizadeh A., "Using Greedy Clustering Method to Solve Capacitated Location – Routing Problem with Fuzzy Demands", *European Journal of Operational Research*, Vol. 229, No. 1, August 2013.

以在短时间内找到最知名或接近最知名的解决方案。①

国内学者对于 LRP 的研究较晚，汪寿阳等（2000）总结了综合运输管理中设施选址—运输车辆行程路径安排的主要研究进展，分析并给出了解决问题的主要算法特点，提出了 LRP 在研究领域中应重视的一些重点发展方向。② 黄致远（2020）从智能仓储物流链管理的方向出发，探讨了智能仓储物流链管理的概念和特点，总结了智能仓储物流管理系统的精益化特征，探讨了智能仓储物流链管理的实践，并对其实施效果进行了评价。③ 郭伏等（2005）考虑城市物流配送的时间和成本因素，构建了基于准时服务和总成本最低原则的多目标 LRP 模型。④ 吴廷映等（2021）重新定义了生产的位置、库存的位置与容量、从生产到库存的商品流和由客户至库存的物流，并提出了以生产总成本最小化为目标的混合整数计划模型，设计了拉格朗日松弛法和混合变邻域禁忌搜索算法来解决这一问题。⑤ 曾庆成等（2009）考虑到提高物流配送服务系统的总体效能，构建了物流配送服务管理中心选择问题与车辆路线的综合优选模式，该模型简化了两级规划，上面是物流配送服务管理中心的选择提问，下层则是车辆路线优选提问。⑥ 张晓楠等（2016）分析了具有模糊需求、行程时间限制和时间窗制约的选址—路径问题，介绍了可变成本的概念；采用了预优化与实时调整两个阶段策略，成功构建了机会约束的变更自动补偿与预优化模式，并研究设计了一阶段模拟退火算法以实现求解；通

① Nadizadeh A., Sabzevari Zadeh A., "A Bi - level Model and Memetic Algorithm for Arc Interdiction Location - routing Problem", *Computational & APPlied Mathematics*, Vol. 40, No. 3, March 2021.

② 汪寿阳等：《集成物流管理系统中定位——运输路线安排问题的研究》，《管理科学学报》2000 年第 2 期。

③ 黄致远：《基于智能仓储物流的全链条管理实践探析》，《中国物流与采购》2020 年第 23 期。

④ 郭伏等：《城市物流配送系统的多目标优化 LRP 模型研究》，《工业工程与管理》2005 年第 5 期。

⑤ 吴廷映等：《仓库容量选择的两阶段设施选址问题研究》，《上海大学学报》（自然科版）2021 年第 12 期。

⑥ 曾庆成等：《配送中心选址与车辆路径一体优化模型与算法》，《武汉理工大学学报》（交通科学与工程版）2009 年第 2 期。

过贪婪聚类构建初始解，利用随机建模估计可变成本。[①] 赵佳虹等（2015）构建了成本最少、对环境风险影响最少的零负一混合任意整数线性规划问题模型，并且根据双目标定位路径建模的计算复杂度设计了多阶段聚类遗传算法。[②] 范人胜等（2020）以从银行网点至居民区的最短路线长度为优化目标，提供了一个基于均值点的差分进化算法，来处理对连续 K 个中心站点的选择问题。[③]

四　生鲜电商与传统流通体系融合发展的相关研究

在线上线下协同开发模式方面，线下门店与线上业务活动相结合的协同开发模式可以分为两类。一是运用线上平台技术，把经常在网络购买的消费者带到线下专卖店，让他们亲身体验高品质的售后服务；二是电商利用线下实体店的有效推广和良好服务，先获得不错的品牌知名度，然后利用线上推广，从而达到"线上线下"双方互为引流、交错发展的新模式[④]。由于消费者的购买习惯和生鲜农产品的储存配送，单纯的线上或线下渠道已经不能满足消费者的需求。生鲜电商与传统流通体系的线上线下融合才能整合线上流量和线下服务，从而为生鲜电商的发展创造新的上行空间，提升农产品的流通性。[⑤] 随着经济的高速发展，传统生鲜零售企业更多采用"线上＋线下"的 O2O 模式，而 O2O 模式也成为生鲜电商突破传统模式的主要渠道之一。[⑥] O2O 模式采用线上下单、线下配送服务，能够满足中国消费者需要先看到商家、先与商家沟通的购物习惯。同时，生鲜农产品对新鲜度的要求决定了 O2O 模式在生鲜农产品领域比

---

①　张晓楠等：《变动补偿的多模糊选址——路径机会约束模型及算法》，《系统工程理论与实践》2016 年第 2 期。

②　赵佳虹等：《基于环境风险控制的危险废物选址——路径问题研究》，《公路交通科技》2015 年第 3 期。

③　范人胜等：《一种基于进化算法的银行网点选址求解方法》，《现代计算机》2020 年第 33 期。

④　吴勇、马良：《当前我国生鲜电商的发展模式与定价研究》，《武汉轻工大学学报》2014 年第 3 期。

⑤　汪旭晖、张其林：《基于线上线下融合的农产品流通模式研究——农产品 O2O 框架及趋势》，《北京工商大学学报》（社会科学版）2014 年第 3 期。

⑥　冉红艳、仇一然等：《基于 O2O 模式的生鲜电商发展研究》，《营销界》2020 年第 35 期。

其他行业具有更好的发展前景。① 刘强德等（2020）从市场整体角度分别分析线上果蔬生鲜门店之间、生鲜果蔬市场商家与消费者之间的决策活动，在此基础上进一步分析线上果蔬生鲜个体商家与消费者在电商平台环境下的完全信息博弈，通过构建数学模型计算得出生鲜果蔬类农产品O2O模式具有广阔的发展前景。② O2O模式强调时效性，注重用户体验，既能很好地满足消费者对优质健康美食的需求，又可减少交易时间与物流配送的成本，只有线上线下融合，才能取得好的效果。③ 以上这些研究成果主要集中在线上线下协同开发模式的分类、需求分析、运行机制和实施对策等方面。

在线上线下物流配送体系的整合中，因为生鲜农产品易腐、难保鲜，所以物流企业对配送服务服务模式的选择十分关键。如果物流配送模式选择不当，就会导致生鲜农产品在物流配送上的严重损失。目前，生鲜农产品有四个代表性的物流配送模式：基于价值链协同的物流配送模式、基于长期协同的第三方物流配送模式、基于信息共享的联合物流配送模型和基于JIT的自营物流配送模式。④ 刘祥希（2021）运用文献研究、理论与实践相结合、数据对比等方法，提出区块链科技可以优化生鲜农产品冷链物流模式、降低运营成本、提高运营效率。⑤ 生鲜商品强时效性的特点，决定了JIT物流系统在生鲜物流配送中具有良好的地位适应性。⑥ 中国冷链物流还面临着许多问题，包括冷链物流设施设备和技术的落后、第三方专业配送服务发展较落后、冷链配送协同能力欠

① 程艳红：《美国生鲜电子商务模式研究》，《世界农业》2014年第8期。

② 刘强德等：《电商用户规模递增下果蔬生鲜类农产品O2O模式博弈研究》，《生产力研究》2020年第9期。

③ Lee J., Jung K., Kim B. H., et al., "Semantic Web – Based Supplier Discovery System for Building a Long – term Supply Chain", *International Journal of Computer Integrated Manufacturing*, Vol. 28, No. 2, February 2015.

④ 王艳玮等：《生鲜农产品网上超市物流配送模式选择研究》，《经济与管理》2013年第4期。

⑤ 刘祥希：《区块链技术视角下生鲜食品冷链物流的发展模式及其策略研究》，《物流工程与管理》2021年第5期。

⑥ 浦悦：《大数据背景下JIT配送在生鲜物流中的应用探究》，《物流工程与管理》2019年第9期。

缺等。① 冷链配送成为生鲜电商线上线下融合发展的瓶颈。Dabbene et al.
（2008）使用定量方式建立模型，并指出影响生鲜农产品物流质量的关键
因素是生鲜农产品的易腐特性以及不确定的物流环境。② 为了保证产品质
量，应对工艺进行了优化以降低成本。颜丽丽和范林榜（2021）认为冷
链物流企业投资价值评价体系应从生命周期、相对竞争力、技术实力、
财务状况和资源配置能力五个维度构建，运用层次分析法揭示了投资价
值评价各指标之间的影响关系，并提出了提高企业投资价值的相应
措施。③

　　在线上线下供应链整合方面，中国传统的生鲜农产品流通体系涉及
的主体多，彼此差异较大。另外，生鲜农产品供应链管理难度较大。当
前，生鲜农产品供应链管理的主要障碍在于中小产品和大型市场之间的
冲突。用核心企业技术替代传统批发市场，用电商技术整合生鲜农产品
供应链，才能实现合作共赢。④ 从物流模式选择、冷链物流建设、物流配
送网络优化等方面，生鲜电商实现了爆发式的成长，但市场渗透率较低，
发展空间很大。⑤ 构建全产业链模式——即建立以电商公司为核心的供应
链管理运作模型，在原料的产品供应、冷链物流、商品配送服务以及消
费者等各方面，都可以增强公司供应商的核心竞争力。⑥ 以上这些研究主
要集中在供应链的整合和供应链管理方法的整合，需要制定基于供应链
管理的相应政策，以确保整条行业链的系统化发展，进而减少交易成本，
并缩短整条行业链的长度，完善配套设施，方便客户体验式购买和交付。

---

　　① 樊洪远：《我国 B2C 电子商务生鲜农产品冷链物流研究》，《安徽农业科学》2014 年第
22 期。

　　② Dabbene F. , Gay P. , Tortia C. , et al. , "Optimization of Fresh – Food Supply Chains in Un-
certain Environments: An Application to the Meat – Refrigeration Process", *Biosystems Engineering*,
Vol. 99, January 2006.

　　③ 颜丽丽、范林榜：《AHP 在冷链物流企业投资价值分析中的应用——基于战略分析的视
角》，《物流科技》2021 年第 7 期。

　　④ 李季芳：《我国生鲜农产品供应链管理思考》，《中国流通经济》2007 年第 1 期。

　　⑤ 李勇坚：《疫情中生鲜电商的机遇、问题与对策：在线新经济视角》，《统一战线学研
究》2020 年第 3 期。

　　⑥ 李作聚：《生鲜电商冷链物流发展模式、问题与思路》，《中国物流与采购》2013 年第
24 期。

第五节 研究内容

通过梳理国内外学者关于农产品传统物流流通体系、电商运营模式等方面的研究，可以发现国内外关于生鲜农产品电商与传统流通体系融合的研究主要聚焦在发展模式协同、配送体系融合、供应链整合等方面，侧重于对商业模式的分析和评价。对线上线下融合发展研究主要在于定性层面，研究缺乏深度、广度，没有进行全面的深层次分析。鲜有学者对生鲜农产品电商与传统流通体系的融合发展做出系统研究，对具体的融合方案、协同机制的研究甚少，基于成熟度模型对生鲜农产品电商与传统流通体系的融合发展进行研究更是空白。基于此，本书对生鲜农产品电商与传统流通体系的融合发展进行探讨，总结归纳出相关研究的不足与空白之处。本书的研究内容主要集中在以下几个方面。

（1）对生鲜农产品电商 O2O 模式的研究

基于生鲜市场及其特点，O2O 模式无疑是首选。特别是 2013 年，O2O 模式已步入高速发展阶段，技术越来越成熟，开始了移动设备的国产化和集成化。但是，O2O 模式与传统零售商品以及 3C 产业不同，生鲜市场的特殊性也决定了它起步得十分缓慢。

2012 年也被看作是国内生鲜电商蓬勃发展的元年。由于顺丰快递电商及食品商城"顺丰优选"的上线，生鲜服务所占比例超过了 1/3。各大电商也加速进军生鲜领域：淘宝上线生态农业频道，亚马逊上线"生鲜码头"，京东商城上线开放平台生鲜频道，天猫预售频道上线"当季最生鲜"版块。如今，生鲜电商已堪称是风与水，未来的市场发展空间将不可估量。

政策方面，2014 年中央一号文件明确，要加速发展农业主产区的大宗农产品现代仓储物流基础设施，健全生鲜农产品品牌竞争力及冷链运输物流配送系统，启动农业流通基础设施建设与农业批发市场信息化提升工程建设，进一步完善农业电商的网络平台建设。不过，如何做好生鲜产品配送的"最后一公里"，并树立区域生鲜电商品牌，或许才是关键。

由于运输设施与冷库建设所需投资巨大，冷链运输直接关系着生鲜电商的存活与发展，高成本成为他们最难啃的"硬长骨"。虽然生鲜电商市场潜力很大，但投资者也必须正视软硬件投资量大、生产成本高的事实，必须充分关注并解答生鲜电商、物流公司和产业链发展所面对的软硬件投资成本等现实问题。

因为对生鲜商品的需求、包装质量和物流配送的及时性而产生的大量软硬件设备投资等成本管理问题，中国生鲜电商市场极少自建的冷链物流配送，基本上使用第三方物流配送，且智能化程度并不高。所以，发挥物流配送职能，利用信息化、大数据分析等技术手段整合网络资源，以配合最近的仓库点及供货商，正是降低生鲜电商配送成本与损耗率的关键问题。本书研究了生鲜电商从线上到线下的发展趋势、物流最后一公里、冷链物流、第三方物流、食品安全追溯、消费者体验的重要性、顾客忠诚度的形成、电商发展面临的等问题，为生鲜农产品线上线下的融合提供了理论依据。

（2）生鲜农产品电商物流的研究

生鲜农产品电商的蓬勃发展，对解决传统农产品流通环节过多、资源大量消耗、行业链连接困难等现实问题发挥着作用，并有着很好的前景与社会市场发展潜力。在实际中，物流配送已然成了制约生鲜电商蓬勃发展的重要瓶颈。一方面，由于生鲜电商的物流配送成本远高于网上售卖的其他产品，传统企业也难以承受；另一方面，由于物流配送系统是线上交易联系顾客的唯一接口，低劣的物流配送服务会大大降低顾客的体验水平和重复购物行为。

本书在总结了生鲜农产品产业的发展和电商的特点，对中国现有的生鲜农产品电商模式进行了分类，并对生鲜农产品电商的物流进行了分析。解决了生鲜农产品电商中的物流配送问题，不但可以提高生鲜电商公司的整体服务水平和运营业绩，还可以促进生鲜农产品电商业务的健康发展。

（3）对生鲜农产品电商与传统流通体系融合发展的研究

随着网络经济的发展以及生鲜电商市场的蓬勃发展，生鲜电商领域的争夺焦点由终端用户逐步扩展至产业链前端。巩固和优化传统生鲜电商模式，已成为增强生鲜电商竞争优势的关键。与此同时，随着中国城镇化进程的日益加速，人民群众对食品安全和食品质量的需求也日益增加，消费行为和消费模式逐渐"互联网＋"化，使得传统的农产品流通体系越来越不适应时代和市场的发展。这不仅对生鲜电商的物流模式提出了更高的要求，也带来了潜在的机遇。电商一体化模式的特点是与传统流通体系共生，对冷链物流体系依赖度高，对终端仓库配置建设要求高。可以预见，在很长一段时间内，传统农产品流通体系和生鲜电商模式将长期共存、相辅相成。而且，作为一种新兴的融合发展模式，生鲜电商模式需要在与传统农产品流通体系的融合中进行优化。

虽然中国对电商的研究相对较晚，但发展迅速。从 21 世纪初开始，学术界对电商的研究逐渐深入。在农产品电商的冷链流通和配送方面，实现了从理论研究到实证研究，从实证研究到建模研究等。在农产品电商模式的基础上，形成了目前适合生鲜农产品的线上线下新模式。同时，从理论、实证和模型建立等方面分析了移动电商的营销模式和第三方平台模式。交易成本理论、供应链理论和价值链理论等理论已被广泛应用于农产品电商的研究。从目前的研究来看，国内外关于生鲜电商与传统流通体系整合的研究观点主要集中在发展模式协调、配送体系整合、供应链整合等方面，侧重于商业模式的分析和评价。线上线下融合发展的研究主要在于文本层面，缺乏深度和广度，无法进行全面深入的分析。很少有研究者对生鲜农产品电商和传统流通体系的融合与发展做出系统研究，而对具体的融合方案和协调机制进行研究的更少。

本书在分析生鲜农产品线上线下融合中物流环节各影响因素的基础上，提炼出了生鲜农产品线上线下融合中配送环节的关键影响因素，利用贝叶斯网络建立风险评价识别模型。通过其逆向推理功能，并利用其后验概率，找出影响配送网络故障发生的致因链。除此之外，还对生鲜农产品电商与传统流通体系融合的成熟度及最佳实践进行了研究。包括明确了成熟度模型在融合发展评价中的适用性，提出了融合发展成熟度评价关键过程域的选取原则，对融合发展成熟度等级进行了划分，分析了融合发展的关键过程识别与关键过程域提炼，归纳了关键过程域的目标集合，对生鲜农产品电商与传统流通体系融合发展的成熟度评价中评价程序、评价方法、样本选取及评价实例进行了仿真研究。

第 二 章

生鲜农产品传统流通
体系发展概况

建立及完善生鲜农产品流通体系，对改善民生、强化生鲜产品的质量安全管理、保障居民生活质量具有重大意义。本章在分析农产品流通模式的基础上，深入研究蔬菜和肉类的流通模式，探索其特点与发展规律。并结合当下社会发展，从生鲜农产品供应链、质量追溯等角度研究流通体系的完善。发展标准化和规模化农业，提高存储技术在运输过程中的运用，保障生鲜农产品质量，完善冷链体系，进而完善流通体系。

第一节　传统流通体系分析

生鲜农产品流通的概念有广义和狭义之分。广义的生鲜农产品流通是指将农产品生产、收购、运输、储存、加工、包装、配送、分销、信息处理、市场反馈等功能有机结合，在生鲜农产品从产地到销地的实体流动过程中，通过优化管理来满足消费者的需求，并实现生鲜农产品价值增值的过程。而狭义的农产品流通是指农产品收购、运输、储存、销售等一系列过程。

生鲜农产品流通对中国市场经济发展有着重大意义。首先，生鲜农产品流通能为农村再生产与扩大再生产创造条件，以充分实现生鲜农产品的市场价值。其次，生鲜农产品流通可以利用各个区域之间的信息流通，能够调整城市产销矛盾，从而带动农村生产。最关键的是，生鲜农产品流通有效维护了生鲜农产品与国民经济中其他部门商品之间的供求关系，在一定程度上提高了供需平衡，增加了社会与经济效益。

图2.1展示了在欠发达的信息技术的情况下，生鲜农产品的传统流通模式。水果、蔬菜、肉类等生鲜农产品的流通链条比较简单，为传统的四级供应链，即"生产商—批发商—分销商—零售商—客户"的链条。在这种传统流通模式下，批发市场在生鲜农产品的中转中起着关键作用。除了流通给消费者和原产地小商贩的产品，当地市场将生鲜农产品流通给下游分销商、零售商和客户。简单的运输、储存、分类包装、配送等环节增加了生鲜农产品的单价，降低了消费者购买的总效用。

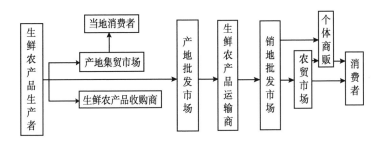

图2.1　生鲜农产品的传统流通模式

生鲜农产品流通的特点有以下四个方面。

一是季节性明显。生鲜农产品的种养和收获依靠自然，所以农民一度被称为"靠天吃饭"的职业。随着种养科技的发展，反季节生鲜农产品已逐步走进人们的生活中，但总的来说，中国生鲜农产品流通仍具有较明显的季节性。不同的生鲜农产品在不同的季节出产，在收获旺季，生鲜农产品会大量涌入市场。相反，生鲜农产品的消费是没有季节性的，所以生鲜农产品在收获季节滞销的情况较为普遍。通过生鲜农产品的流通运作，将供过于求的生鲜农产品在淡季妥善储存、均衡上市，从而缓解生鲜农产品市场的供需矛盾，体现了物流及时化解生产与消费差异的能力。

二是需求分散。中国幅员辽阔，不同的地区有不同的土壤质量、气候和水文条件，生产不同的生鲜农产品。所谓"淮南之橘，淮北之枳"，生鲜农产品的生产是有地域性的。比如香蕉适宜在较低纬度、气候温热湿润的南部栽培，而青稞则适宜在中高纬度、气候严寒干旱的北部栽培。生鲜农产品流通有效满足了人们对生鲜农产品丰富性的需求，体现了物流解决生产与消费空间差异的能力和特点。

三是技术问题突出。生鲜农产品具有易腐、易碎、运输量大的特点。然而，目前中国生鲜农产品运输技术还不完善，运输成本高，运营风险大。以冷链流通为例，中国冷链流通渗透率较低，导致生鲜农产品变质率远高于欧美国家。例如，目前中国80%以上的果蔬仍以常温物流或自然物流为主，每年约有1.3亿吨的蔬菜和1200万吨的果品在运输中损失，而发达国家生鲜农产品平均损耗率为5%。农产品流通损耗率高一直是影响中国农产品流通成本的一个重要因素。①

四是需要政府干预。中国的农业生产地区比较分散，而市场需求却越来越大。因此，政府需要做出调整，以解决生鲜农产品的购买、分配和储存。

传统生鲜农产品流通模式主要有四种，如图2.2所示。

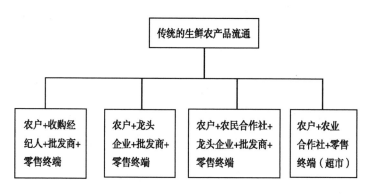

图2.2 传统农产品流通模式

（1）模式一：农户＋收购经纪人＋批发商＋零售终端。又可以分为两种形式：一是收购经纪人。在中国传统农业地区，农户在收获后直接将生鲜农产品出售给收购经纪人，收购经纪人把收购的生鲜农产品直接转售给下一批发商，批发商再转售给零售商，就这样完成了生鲜农产品的市场流通。这种模式的特点是，由于途径单一，农民收入严重依赖于收购经纪人。

二是无收购经纪人。这种模式的前提是大部分生鲜农产品都集中于

---

① 农业农村部规划设计研究院：《农产品产地流通及"最先一公里"建设调研报告》，https://www.163.com/dy/article/GJ5RON9U05118U1Q.html。

某一区域。具体而言，由于大规模种养带来的规模效应，农民能够以较低廉的生产成本走向市场，并直接和批发商展开对接。该模式的特点在于农民与批发商之间的买卖是一次性的，双方都只谋求利润的最大化。

（2）模式二：农户＋龙头企业＋批发商＋零售终端。该模式发展的关键是农民和龙头企业之间的合作关系。通过双方签订的协议，农民根据协议中相应的质量标准生产了一定数量或者类别的农产品后，由龙头企业负责采购、加工、营销，以进一步提高农产品的附加值，再转售到下级批发商或者零售店，而后实行市场流通。这种模式也被称为"订单农业"。

该模式的主要优点就是，农户与龙头公司受合同约束，农户与龙头公司一起承受市场压力，对农户的权益有所保护。与第一种模式相比，该模型有助于优化中国农产品的信息流动，节约了信息搜索的成本费用。同时，该模式也存在一些不足，如农户与企业之间的契约关系不稳定。

（3）模式三：农户＋农民合作社＋龙头企业＋批发商＋零售终端。这种模式，在农户与龙头企业间增加了农业合作社，其实就是对第二种模式的完善与修正。

该模式中，农民合作社则成了农民与龙头企业之间的经济纽带和桥梁。农民合作社聚集了各地分散的农民，根据订单需求组织生产，并统一购买农产品，再统一组织农产品销售。

该种模式的主要优点：首先，农民合作社能够代表相对分散的农民和龙头企业进行贸易，也能够节约咨询时间，而相对固定的合作关系也能够使流通渠道变得更加顺畅。其次，农民合作社具有更强的谈判能力，可以给农户带来更多的收益。但是，由于农业合作社还处在初级阶段，运作条件不成熟，没有规范化。

（4）模式四：农户＋农业合作社＋零售终端（超市）。这种模式也被叫称为"农业农超对接"，是国家近年来鼓励的。这种模式的特征是，在以超市为代表的零售终端与以农家为代表的农民生产合作社组织之间没有中介环节，它们都以直供直采的形态连接农产品。

图2.3展示了超市生鲜流通平台的供应链。随着生活水平的提升，以及人们对绿色健康消费理念的追求以及社会对食品安全问题的重视，人们更愿意在超市购买生鲜农产品。以永辉超市为代表的综合性超市，拥有一定数量的连锁超市。为确保采购渠道的安全统一，超市一般拥有签约农户

以及直属农场供货商。同时，超市的物流配送中心承担全部连锁超市的集中统一供应。这种供应链模式下的货物集中配送环节虽多，但由于配送中心的订货、采购、配送统一，并没有增加太多成本。超市依托于其在资本、管理、技术等各方面的资源优势，全面参与生鲜农产品的、生产与加工、流通，并运用信息系统、物流等技术手段，使农户与市场之间在缺乏商品流通组织的状况下高效地衔接，达到降低商品流通成本的目的。

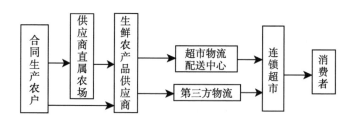

图2.3　超市生鲜流通平台的供应链

这种模式的主要优点在于：一是最大限度地缩短了供应链的长度，从而大大减少了在整个流动过程中的时间消耗和生产成本；而且对大宗生鲜农产品的流通过程实施严格监控，充分保证了产品的质量。二是从农民的利益考虑，减少了市场的不确消费者定性，避免了农民盲目生产。三是从消费者的利益出发，由于中间流通环节的减少节约了商品流通成本，降低了产品的价格。

第二节　生鲜农产品传统流通体系存在的问题

一　网点布局不合理

由于缺乏上市前规划和科学合理的选址，部分生鲜零售网点分布不平衡。例如，在某些地区，网格间距太近，辐射范围重叠。又如，一些被拆除的社区和新建的社区缺少生鲜农产品的零售点。此外，部分市场整体搬迁将对当前生鲜农产品流通格局产生影响。

二　网点经营模式单一

目前传统的经营业态，如旧式菜市场、早市、大集、菜贩等仍占据主导地位。相对过时的商业模式使得网点管理水平低下，创新动力不足，无法满足消费者多样化、高品质的需求。

三 基础设施建设水平较低

目前部分地区标准化菜市场较少，温室市场、露天市场等建筑形式简单，水电系统、道路、场地、污染处理硬件设施水平较低，检查、仓储等服务功能落后。生鲜农产品零售网点，尤其是农村生鲜农产品零售网点具有明显的"以街为城、以路为集"的特点。此外，生鲜农产品分级包装水平低、储运设施技术落后等基础设施问题制约了生鲜农产品流通。

四 进口农产品质量与安全的溯源机制不完善

由于农业规范化程度较低，产品质量安全的可追溯体系一直无法落实，这也是部分地方农产品质量安全与可追溯体系建设过程中的瓶颈。这主要表现为，产业链上生鲜农产品的质量溯源信息不足，产品质量安全溯源系统亟待健全。

五 供应链环节多，控制难度大，容易受到影响

由于生鲜农产品供应链涉及农业、工业、商业，各个行业和企业之间的节点都会对供应链的控制产生影响。以猪肉为例，首先，在上游生猪养殖中，猪的生长环境直接受到温度、湿度、饲料等的影响。其次，猪肉在加工和物流运输中受技术和环境的影响很大。如果处理不当，会造成二次污染。此外，国家政策和经济发展水平以及社会文化因素都会对猪肉价格、供需产生影响。

六 供应链中的"牛鞭效应"明显

以猪肉供应为例，仅从母猪产崽到仔猪育肥就需要 180—200 天，"牛鞭效应"显著。一是随着猪肉需求预测环节的增加，不同企业之间的信息不对称效应会逐渐增强。二是猪肉市场价格波动和供求关系变动会逐步放大至整个供应链上，从而形成"牛鞭效应"。三是物流配送过程存在"时滞"，导致下游零售企业需求增加。订单提前期越长，"牛鞭效应"

越显著。

七　供应链资源很难整合

仍以猪肉为例，由于猪肉供应链环节多、结构复杂，难以协调和控制，各个环节和层次的企业更注重局部的短期利益，易缺乏供应链的整体观念；更注重价格竞争，忽视长期合作。同时，不稳定的合作关系易受到竞争环境的影响，中小企业受到大企业的制约，整个链条难以达成平等共赢的合作目标。

八　生鲜农产品冷链物流技术不完善

冷链物流技术可以保证食品安全和质量，但中国的物流主要是常温物流或自然物流，生鲜农产品物流主要以大型超市自有运输或相关企业自有运输设备为主，相对落后，尚未实现现代化和完善化。第三方物流企业较少从事生鲜农产品的运输。中国生鲜农产品，特别是果蔬的产后损失率高达 20%—25%，而在发达国家该比率能控制在 5% 以下，美国更是仅有 1%—2%。① 一个原因是中国冷链物流体系不完善，另一个原因是中国生鲜农产品的包装和储存水平较低。

九　信息化建设滞后

目前，中国农村信息系统的建设滞后，没有起到帮助生鲜农产品流通的作用。主要原因有：一是各类生鲜农产品市场信息分散且相对封闭，无法及时收集、分析、处理；二是大多数农民缺乏网络和计算机知识，缺乏培训学习的渠道和机会，这在一定程度上影响了网络信息系统在农民中的普及；三是生鲜农产品信息采集、整理、发布缺乏官方平台，影响了生鲜农产品信息的权威性、及时性和准确性。

十　农产品流通法律法规不完善

健全的法律法规体系可以为生鲜农产品流通提供基础和保障。然而，

---

① 谢蕊蕊：《我国生鲜农产品冷链物流"最先一公里"发展探讨》，《商业经济研究》2022年第 2 期。

目前中国还没有完善的生鲜农产品流通法律。此外，生鲜农产品交易涉及环节复杂、参与主体众多，在大规模、复杂的生鲜农产品市场交易中存在诸多空白或灰色地带，在一定程度上影响了生鲜农产品流通体系的效率。

第 三 章

中国生鲜农产品电商发展现状

近十年来，中国生鲜农产品电商发展态势迅猛，规模越来越大。Mob 研究院在《2022 年中国生鲜电商行业洞察报告》中指出 2022 年中国生鲜电商行业的商业交易总额超 4000 亿元，月活保持在 1 亿左右，随着疫情的反复出现而波动。[①] 商业模式方面，中国生鲜农产品电商商业模式较为简单，主要以 B2B 和 B2C 为主。本章介绍了中国生鲜农产品电商发展历程，在此基础上对中国生鲜农产品电商的物流模式和特点进行分析，总结出中国生鲜农产品电商的分类及商业模式。

第一节　中国生鲜农产品电商发展历程

基于生农产品鲜电商的影响力与发展状况，中国生鲜农产品电商的发展历程可分成以下三个阶段。

一　第一阶段（2005—2011 年）

在此阶段生鲜农产品电商处于萌芽期。2005 年，国内首家生鲜农产品电商企业——易果生鲜创立。当时，虽然淘宝和京东已经成为零售业电商的主要代表，但普通消费者对电商的认识甚少。由于物流配送体系和支付系统的不健全，消费者对电商的信任度较低，推广难度较大。易果生鲜持续的投入带来了连续几年的亏损，但它找到了正确的方向——

---

①　Mob 研究院：《2022 年中国生鲜电商行业洞察报告》，https：//www. thepaper. cn/newsDe-tail_ forward_ 18482964。

自建冷链物流，这无疑为企业的发展打下了牢固的基础。这一阶段，"孔雀石绿海鲜""苏丹红鸭蛋"等系列食品安全事故频发。一时之间，人们对食品安全赋予了前所未有的关注，健康食品成为消费者的第一需求。"和乐康"和"沱沱工社"两家专注于绿色有机食品的生鲜电商公司由此诞生。它们一直将产品质量放在首位，并以无污染、无激素、无农药的产品为卖点，并从中寻找自身的市场立足点。尽管这些生鲜农产品的售价相对较高，但依然"收获"了大批消费者。这一时期的生鲜农产品电商仅将互联网模式应用于生鲜行业，没有自身的核心竞争力，发展较为缓慢。2009—2011 年，中粮我买网和天天果园相继成立。市场上已经出现一批生鲜电商，不过由于生鲜电商的模式没有创新，所以其市场份额也很有限。

二　第二阶段（2012—2016 年）

在此阶段生鲜农产品电商处于发展期。该阶段的标志事件是"褚橙进京"。2012 年，本来生活网的"褚橙进京"将生鲜农产品电商推向了公众视线。"褚橙进京"的成功也让生鲜农产品电商市场形成了庞大的蛋糕，顺丰、京东、1 号店、天猫等电商公司在 2013 年底都涌入了生鲜市场。2012 年，中国的生鲜电商市场总成交规模为 35.6 亿元；2013 年贸易规模已达 126.7 亿元，同比增长 255.8%；2014 年的贸易规模为 274.5 亿元，同比增长 116.7%。[①] 2015 年中国网购频率最高的品种是生鲜农产品，生鲜农产品的人均购物频率为 24 次。[②] 2015 年，中国生鲜电商市场规模为 497.1 亿元，同比增长 81.1%。2016 年，中国生鲜电商市场规模为 889.2 亿元，同比增长 78.9%。[③] 阿里、京东、腾讯等互联网巨头开始在生鲜农产品市场进行巨额投资。生鲜农产品电商融资总量在 3 年内增长了 22 倍以上，生鲜电商的概念越来越流行。这些各领域的龙头企业通过各自的资源优势，促进了生鲜电商发展，使广大消费者获益。但就像

---

① 中国食品（农产品）安全电商研究院：《2019 年中国农产品电商发展报告》，https：//www.sohu.com/a/308191910_ 100020617。

② 麦肯锡：《2015 年中国数字消费者调查报告》，http：//www.199it.com/archives/331323.html。

③ 艾瑞咨询：《2016 年中国生鲜电商行业研究报告》，https：//report.iresearch.cn/report_pdf.aspx？id＝2609。

其他行业一样,资本的涌入必然会导致激烈竞争。2016 年,生鲜电商市场迎来洗牌周期,大批中小规模的生鲜电商公司倒闭或者被收购。如生鲜电商"鼻祖"易果生鲜,就选择了加入阿里巴巴,并先后拿到了阿里巴巴的四轮融资,总额达数亿美元。在这一阶段生鲜电商迅速打开市场,逐渐被越来越多的人所接受,大量资金涌入生鲜农产品电商行业,生鲜农产品电商开始探索更多模式。

三 第三阶段 (2017 年至今

在此阶段生鲜农产品电商处于转型期,以消费者数据为导向,整合线下资源,标志着新零售的全面开业。2016 年对生鲜农产品电商而言是挫折的一年,许多生鲜电商公司纷纷退场,包括美味七七、青年菜君、菜管家等一些有名的生鲜农产品电商公司,当然也有许多不起眼的小企业。众多开拓者的陨落引起了对生鲜农产品电商市场的激烈探讨与反思,投资不再盲目,生鲜农产品电商巨头的进入构筑了生鲜农产品电商市场壁垒。人们需求的增加和移动互联网的普及也带动了生鲜电商的发展。2017 年中国生鲜电商市场交易规模为 1391.3 亿元,同比增长 59.7%。[1] 同时,随着业务的迅速发展,众多生鲜农产品电商平台也开始加码生鲜供应链与物流基础设施,并探索以各种创新模式形成核心竞争力。中国的生鲜市场发展迅速。2018 年,中国生鲜电商市场交易规模超过 2000 亿元;生鲜电商 CR5 占比为 63.1%;垂直生鲜电商市场占 CR5 的 37.6%,比上年增长 12.5%。[2] 市场集中度快速提升,垂直生鲜电商市场呈现头部聚集趋势。2019 年,中国生鲜电商行业市场交易规模达 2796.2 亿元,比上年增长 36.7%。2019 年 10 月以来,受生鲜电商推广影响,生鲜电商月活跃用户快速增长。2019 年 12 月,生鲜电商月活跃用户达 3122.82 万,同比增长 82.5%。[3] 2020 年以来,生鲜电商月度活跃用户保持强劲增长势头。2021 年生鲜农产品

---

① 艾瑞咨询:《2018 年中国生鲜电商行业消费洞察报告》,https://www.sohu.com/a/217016077_653523。

② 艾瑞咨询:《2019 年中国生鲜电商行业研究报告》,http://report.iresearch.cn/report_pdf.aspx?id=3400。

③ 艾瑞咨询:《2020 年中国生鲜电商行业研究报告》,https://report.iresearch.cn/report_pdf.aspx?id=3620。

电商交易规模为 4658.1 亿元，同比增长 27.92%。① 盒马鲜生、七鲜开拓了生鲜农产品零售模式，将公司负债由轻转重，以"线上＋线下""餐饮业＋大型超市"的新模式运营。通过对市场的筛选，生鲜电商的格局打开并呈现鲜明特色，部分生鲜农产品电商企业开始盈利。

第二节 生鲜农产品电商的物流模式及特点

中国生鲜农产品电商物流模式分为自建物流模式和第三方物流模式，自建物流模式主要以易果生鲜、FIELDS 莆田网、顺丰优选、沱沱工社、每日优鲜为代表，第三方物流模式以喵鲜生、本来生活、拼好货、佳沃、一米鲜、许鲜为代表。

自建物流模式是指自营型的企业通过独立组建物流中心，实现对内部各部门、场、店的物品供应。目前，电商企业自建物流系统主要有两种情况。一是传统的大型制造企业或批发企业经营的 B2B 电商网站，由于其在长期的传统商务中已经建立粗具规模的营销网络和物流配送体系，在开展电商时只需加以改进、完善，就可满足电商条件下对物流配送的要求；二是具有雄厚资金实力和较大业务规模的电商公司，在第三方物流公司不能满足其成本控制目标和客户服务要求的情况下，自行建立适应业务需要的畅通、高效的物流系统，并可向其他物流服务需求方提供第三方综合物流服务，以充分利用其物流资源，实现规模效益。

第三方物流模式指的是一家具有实质性资产的公司为其他公司提供物流相关服务，如运输、仓储、存货管理、订单管理、资讯整合及附加价值等服务，或与相关物流服务的行业者合作，提供更完整的专业物流服务。第三方物流包括运输、仓储、信息经营者等以契约形式结成战略联盟，内部信息共享和信息交流，相互协作，形成第三方物流网络系统，联盟可包括多家同地和异地的各类运输企业、场站、仓储经营者，理论上联盟规模越大，可获得的总体效益越大。信息处理方面，可以共同租用信息经营商的信息平台，由信息经营商负责收集处理信息，也可连接

---

① 电子商务研究中心：《2021 生鲜电商市场数据报告》，https：//mp. weixin. qq. com/s/abz-vuTwiI7KThw9ZDbhDow。

联盟内部各成员的共享数据库实现信息共享和信息沟通。

生鲜农产品电商物流模式的特点主要可以归纳为以下几个方面。

1. 分布节点众多，范围广泛

电商环境下，生鲜农产品配送客户以个体家庭为主，配送节点多、配送面广、配送品种多、批次小，具有随机性、碎片化、时效性等特点。这就增加了生鲜农产品的配送难度，需要建立科学可靠的物流配送路线以及时满足客户需求，提高物流效率。

2. 物流设施和设备高度专业化

生鲜农产品配送的核心是确保产品以最好的质量和最少的损失交付给客户。由于生鲜农产品保质期短、容易损坏，在运输、储存和销售中需要有效控制温度和湿度，必须提供专业的冷链设施。另外，生鲜农产品的溯源体系和运输中心的定位也需要 RFID、GPS 等物流设备的支持。

3. 高度网络化

电商也因其互联网、信息化的特性，改变了中国传统的生鲜农产品流通模式。电商平台把小农户的商品直接交付给消费者，大大减少了市场流通的中间环节。家庭的消费点分散于城市，导致物流配送点较多，也加大了物流配送的难度。由于消费点较为分散，单位商品数量少，配送路线和时间难以控制，需要科学规划配送路线，满足客户需求。因此一些生鲜农产品电商利用线下优势，将互联网打造成线下交易平台，提供线上线下一体化服务。

4. 运营成本高

生鲜农产品电商需要整合产品、技术装备、金融机构等资源，运营成本高，需要强有力的金融支持。运营成本主要包括以下几个方面：一是基础设施设备的投资，包括早期冷链硬件设施和物流软件技术的投资；二是运输成本，包括燃料和货物损坏成本；三是储存费用，包括能源消耗和定期维护费用；四是经营管理成本，包括日常管理中的人力、物力、财力成本。

第三节　中国生鲜农产品电商的分类及商业模式

目前国内常见的生鲜农产品电商模式主要包括 B2C、B2B、C2C 以及新兴的 O2O 和 C2B 模式，主要集中在企业之间或企业与消费者之间通过互联网进行生鲜农产品流通。前三种是传统的电商模式，消费者通过网上下单与卖家沟通，购买的产品由卖家通过快递的方式发送给消费者。这种商业模式一直是网上交易的主流，被各大电商公司广泛推广应用。然而，随着近两年生鲜农产品网上交易量的不断增加，这种传统电商模式的弊端很快显现出来。由于农产品具有难储存、易腐烂、易受损等特殊属性，这种商业模式的局限性被无限放大，导致生鲜农产品线上消费仅占 15%，而线下交易仍是生鲜农产品流通的主要方式。互联网技术的快速发展激发了生鲜农产品的市场潜力，线上线下的融合模糊了消费者和生产者的主体地位，是对传统电商模式的颠覆。总的来说，广阔的市场为生鲜农产品电商的发展提供了许多多便利，电商平台、超市等企业参与其中，形成了多种模式，可以分为以下几种类型。

一　平台型生鲜农产品电商

平台型生鲜农产品电商主要充当生鲜农产品交易的第三方平台，就像网络上的虚拟农贸市场一样。商家可以在平台上推广自己的产品，消费者可以通过平台选择不同的商家和产品。平台为买卖双方提供包括信息发布、信息查询、货款支付、物流等服务，向商家收取会员费或佣金，除物流费外，一般对消费者免费。阿里巴巴、1 号店、京东等都属于平台型生鲜农产品电商。

平台型生鲜农产品电商的特点是：（1）产品齐全，客流量大。平台往往不仅涉及生鲜农产品，而且几乎涵盖了其他各种类型的产品。平台的流量很大，其他产品的销售可以带动生鲜农产品的销售，而生鲜农产品的销售也可以带动其他相关产品的销售。（2）消费者的选择范围广。由于平台上有大量的、不同类型的生鲜农产品商家，消费者可以选择的范围广。（3）标准不统一。平台整合卖家、买家和物流企业等相关资源，但存在商品质量和价格标准不一致的问题。（4）存在市场危机。专业生鲜电商的威胁加剧，综合性网络平台能否实现可持续运营，能否有效将流量转化为购买力，也是制约其发展的主要因素。

平台型生鲜农产品电商利用自己的综合性网络平台整合生鲜农产品卖家、买家、物流企业等相关资源，包括整个交易过程。在这种模式中，平台处于核心地位,发挥着连接买家和卖家的作用。它拥有大量的潜在客户、完善的交易系统和大量的现金流,可以为生鲜农产品卖家提供高质量的服务和流量,并向第三方企业提供冷链物流服务。平台型生鲜农产品电商凭借雄厚的经济实力和与企业良好的合作关系,为众多合作伙伴搭建了桥梁,为它们提供了一定的资金流,保障了平台的顺利运营。

二 垂直型生鲜农产品电商

垂直型生鲜农产品电商是在生鲜领域细分市场、深化经营的电商,其业务领域具体而专业,具有独特的盈利方式。和平台型生鲜农产品电商不同,垂直型生鲜农产品电商只经营生鲜农产品。

垂直型生鲜农产品电商的特点包括:(1)聚焦生鲜农产品,精准把握目标消费者需求。垂直型生鲜农产品电商通常专注于某一类产品。这类生鲜农产品电商一般对目标消费群体有明确的定位,客户忠诚度相对较高。(2)供应商选择严格,生鲜农产品质量有保障。垂直型生鲜农产品电商拥有专业的采购团队,对进货有相当严格的标准。通过选择专业的采购人员,与优质产区合作直接供货,既减少了流通的中间环节,又保证了物流的快捷性。(3)起步困难。垂直型生鲜农产品电商企业早期实力相对较弱,缺乏品牌意识,获得用户的信任非常困难,并且很少有生鲜农产品供应商愿意与垂直型生鲜农产品电商合作。(4)物流限制。由于缺乏生鲜农产品供应商的早期积累,垂直生鲜农产品电商在供应链中容易出现问题。例如,客户主要集中在几个一线城市,冷链物流系统受到第三方平台的限制,因此在物流运输过程中损耗会相对较高,难以扩大规模。员工配置的使用也需要大量的人力和财力,这给初始投入大、资金周转率有限的垂直电商公司带来了巨大的压力。(5)存在竞争劣势。由于垂直型生鲜农产品电商业务单一,其生存空间非常有限,与大型企业相比,盈利能力不强。如果垂直型生鲜农产品电商经不起市场动荡,随时可能面临企业危机。

从垂直型生鲜农产品电商的特点不难看出,其高度重视垂直组织架构,从源头把关,精心划分生产销售环节,紧密整合部门。它们将市场与消费者紧密结合,偏爱 B2C 电商模式。激烈的市场动荡之后,很多企业更加注重加强竞争壁垒建设,提高产品集中度,为消费者提供安全可靠的生鲜农产品。

三　实体店兼顾电商平台

近年来，传统零售渠道受到电商渠道的巨大冲击，越来越多的实体店开始重视线上销售渠道。随着消费者对生活品质要求的提高以及传统市场从业者的探索，生鲜农产品的消费场景越来越多样化，由传统单一线上或单纯线下渠道逐渐向多线上线下渠道过渡，向多元化体验转变。一大批新兴的实体店兼顾电商平台已经开始涌现。

实体店兼顾电商平台的特点包括：（1）运营模式新。实体店兼顾电商平台有效改善了传统电商公司物流管理、数据上加工商品、调整配送最近距离等一系列通病，满足了消费者即时配送的需求。例如，永辉超市多次尝试线上销售，从"永辉半边天"到"永辉微店"，通过网络平台连接线上线下，辐射实体超市周边区域。这类实体店的网店平台，不仅利用了线下门店的采购、物流配送、仓储资源和人气，还为线下门店开辟了新的销售渠道。（2）供应链优势。实体店兼顾电商平台在供应链管理方面具有明显的优势。例如，短距离日销日清的经营模式，有效降低了库存成本和损失成本，保证了生鲜农产品的质量。（3）销售创新。新营销背景下，消费者可以选择更多的生鲜农产品消费方式，让购买更加便捷，增加了用户体验和满意度。

实体店兼顾电商平台以O2O电商模式为突破口，广泛采用新的购物模式，同时在实体店辐射范围内进行即时配送，节约配送成本，降低库存成本，引领"线上数字化运营＋线下门店品牌新体验"线下新业务销售背景下的新零售探索。其经营的亮点是拓宽了销售渠道，进行了制度创新。O2O的影响使得实体店兼顾电商平台性能提升的同时，可以利用行业的优势解决"最后一公里"问题。

四　农场或农民合作社直接销售

顾名思义，农场或农民合作社直接销售是指农场或农民合作社通过互联网生产和销售生鲜农产品，从产地到消费者之间没有其他环节，销售方式灵活，但由于缺乏运营经验，平台的用户界面和易用性往往存在局限，产品相对简单，客户群体少。此外，在物流方面，农场和农民合作社一般没有实力经营自己的冷链物流，影响了产品配送的及时性。

根据生鲜农产品电商参与双方的性质，生鲜农产品电商可分为 B2B、B2C、F2C、O2O 等不同模式。电商流通体系以电商平台为核心，直接连接产业链上下游，产业链上下游的控制程度或合作深度因企业而异。以第三方物流或自建物流配送体系为支撑，冷链运输占比小，运输配送成本高；在销售端，利用电商平台与客户互动，客户可以在平台上浏览、选择商品、下单付款。目前，主流的生鲜农产品电商模式如 B2C、C2B、O2O 的主要特点和优劣势见表 3.1。

表 3.1 　　　　　　　　　主要生鲜农产品电商模式分析

电商模式	主要特点	优势	劣势
B2C	电商平台向产业链上游采购配送给消费者，有加工配送中心	降低零售店铺成本；可以通过网站购买行为分析调整进货计划	商品质量难以保障；物流配送成本高；客单价高、吸引力小
C2B	以消费者为中心，客户根据需求定制商品，平台接单组织采购或生产	通过互联网，为客户提供生鲜农产品消费一体化解决方案	消费群体规模小；对柔性生产要求高；商业协同难；物流配送成本高
O2O	在线上完成营销和支付，线下体验消费	线上线下渠道结合；服务水平高，体验好	实体店运营成本高；商品质量难以保障

电商的主要盈利模式，是企业通过电商平台整合信息流、资金流、商流以及物流资源，为顾客、公司以及其他参与者提供服务价值、分享利益的有机系统。[①] 生鲜农产品的电商也是如此，且自主发展面临许多困难，为了盈利和可持续，需要构建多赢的运行机制和利益共享机制。

---

① 吴芝新：《简析 O2O 电子商务模式》，《重庆科技学院学报》（社会科学版）2012 年第 13 期。

第 四 章

生鲜农产品电商线上线下
融合模式的比较

　　本章对线上销售、线下体验，线上销售、线下自提等多种生鲜农产品O2O电商的运营模式进行研究，从货源、渠道管理、资金投入、物流难题、客户满意度等多层次多角度进行对比，分析目前生鲜农产品电商运营中存在的问题。

第一节　生鲜农产品电商线上线下
融合模式的分类

　　在生鲜农产品O2O电商运营模式中，两个"O"分别代表线上线下。在线上，因为通用性，生鲜农产品电商可以利用各种线上平台进行销售；在线下，生鲜农产品电商需要直接面对消费者，和消费者面对面交流。生鲜农产品电商面临着如何将产品分销给消费者、如何利用线下平台吸引消费者、如何与消费者有效沟通等诸多问题。

　　生鲜农产品O2O电商有多种运营模式，包括"线上销售、线下体验店"模式、"线上销售、线下社区店"模式、"线上销售、线下自提"模式以及电商平台整合线下实体店资源模式、电商平台为实体店顾客代购并配送模式。也有一些线下实体为了开拓线上市场，将业务从线下发展到线上，包括农场O2O电商模式、线下农产品批发市场自建O2O电商平台模式、线下超市自建O2O电商平台模式（见图4.1）。

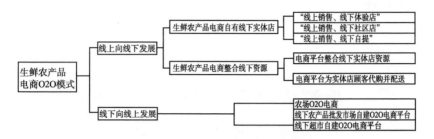

图4.1 生鲜农产品电商 O2O 模式的分类

一 "线上销售、线下体验店"模式

据文献统计①（见图 4.2），影响消费者对生鲜农产品电商体验的最主要因素是"新鲜度"，占比为 87.59%。由此可见，消费者在通过互联网购买生鲜农产品之前，有必要以有形的方式了解生鲜农产品。此外，42.1% 的消费者选择一周 2—3 次通过互联网购买生鲜农产品，有 15.8% 的受访者选择每周通过电商购买一次生鲜农产品②（见图 4.3）。由此可见，目前国内消费者已经具备了一定的在线选购生鲜农产品的习惯。

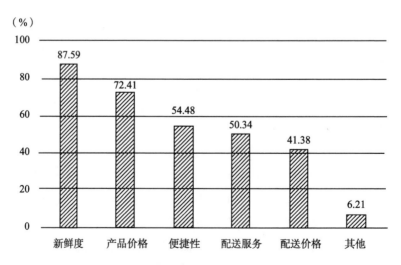

图4.2 影响消费者对生鲜农产品电商体验的因素

---

① 张康：《生鲜农产品网购选择的影响因素》，《农家科技中旬刊》2017 年第 6 期。

② 搜狐：《生鲜电商行业数据分析》，https：//www. sohu. com/a/472169983_ 728793。

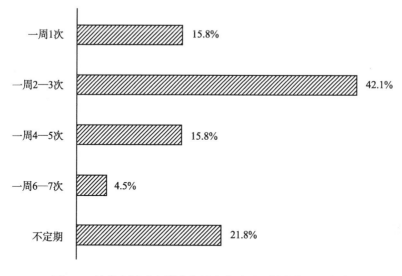

图4.3　消费者通过生鲜农产品电商购买生鲜农产品的频率

消费者网购生鲜农产品只是根据产品描述和图片下单，并不了解生鲜农产品消费前的实际情况。以"线上销售、线下体验店"模式运营的生鲜农产品电商设立线下体验店，消费者可以通过线下体验店了解产品特点、体验产品、学习如何线上购物。这种线上转线下的特点是利用线下体验店带动线上销售，线下体验店提供产品体验，提供自助服务，培养客户的消费习惯。例如，广西南宁的"云购鲜"和安徽合肥的"景徽菜篮子"，设立了线下体验店，顾客在线下可以"尝一尝"——体验生鲜农产品的味道；"扫一扫"——追溯食品安全信息；"按一按"——在店员的指导下学习网购方法，体验网购的方便快捷。

"线上销售、线下体验店"模式的优势在于为客户和潜在消费者提供直观体验的机会和场所，解决了物流配送，"最后一公里"的问题。线下体验店可以作为线上下单客户的"自提点"，客户在体验生鲜农产品时，可以自提线上购买的商品；同时线下体验店是展示电商企业形象、提升服务的前沿阵地，客户可以直观地了解企业文化和产品，企业也有机会通过体验店直接收集第一手信息，与客户建立信任关系。

与上述优点相比，这种模式的缺点是体验店的实体店面需要电商投入人力和财力。线下体验店的运营需要周边社区的销售支持，如果没有达到预期的销量，线下体验店就无法维持运营。电商企业通常不熟悉实体店面的运营管理，容易造成管理问题。另外，适合建立了体验店的地方不多，在有限的区域内容易形成不同电商公司之间的激烈竞争，影响利润。

二 "线上销售、线下社区店"模式

社区店是指设置在居民区甚至住宅楼内的门店，主要为社区居民提供服务，一般规模较小，主要服务对象是商铺周边的普通居民，包括杂货店、蔬果店、小超市、干洗店等。"线上销售、线下社区店"模式意味着电商可以通过在社区开设实体店销售产品来缩短与客户的距离。社区店距离消费者近，可以作为自助店和社区送货点，同时，电商公司可以利用社区店开展其他便民服务，增加对客户的吸引力，增强消费者对生鲜农产品的购买意愿。生鲜农产品的主要客户是社区居民，在目标客户群层面，生鲜农产品电商和社区店的服务对象是一致的。

比如，叮咚买菜在上海地区就布局了200多家前置店，日订单量约15万单，月销售额超过1亿元。而与其他同类平台相比，叮咚买菜采取的社区生鲜"到家＋到店"模式具有更强的优势，且其社区前置仓布局密度高，提升了消费者的购物体验。叮咚买菜的货源主要来自城市批量采购和品牌供应商的直接供应。由于生鲜农产品，市场价格波动较大，即使是同一品类的产品，在同一天上午和下午也会有两种不同的价格。选择自购的方式可以获得更低的采购价格，采购成本低，相应的毛利率就更高。与品牌供应商合作不仅可以获得低成本的价格，可以保证产品的质量，还可以确保稳定的供应来源。

"线上销售、线下社区店"模式的优势主要是生鲜农产品电商可以与社区店合作，将社区店作为"最后一公里"的配送点，及时将线上订单送达客户手中。但这种模式对社区有一定的要求：社区距离超市和菜市场有一定的距离，社区居民大多是25—45岁的白领，社区入住率高，社区人口在1000户以上。由于适合开设社区店的社区并不多，如果多个电商企业在同一区域开设社区店，必然会导致激烈的竞争。电商企业需要充分考虑社区构成、消费能力、店铺运营成本等因素，因此很难开设合适的店铺。另外，由于社区店的门店租金和人员成本相对较高，电商企业往往只选择合适的社区来投资社区店，因此生鲜农产品电商开设的社区店数量有限。

三　"线上销售、线下自提"模式

自提柜是一种新型的投递方式，收件人无须与快递员面对面沟通就能收到快递。客户通过互联网或 App 下单。订单完成后，商品会被送到客户指定的自提点或自提柜，系统会发短信通知收件人，为客户提供了灵活的提货服务。

比如，武汉生鲜农产品 O2O 电商家事易，在武汉 800 多个社区安装了自主研发的智能电子食品箱（自提柜）。客户在家事易下单后，商品全程以冷链的方式送到客户指定的自提柜。同时，客户会收到一条短消息，提醒商品已经到达。客户可以随时利用会员卡打开自提柜完成交易。家事易的智能电子食品箱具有冷藏保鲜功能，使生鲜农产品到达小区内的自提柜后，仍处于密闭恒温的安全保鲜环境中，有效保障了生鲜农产品的质量。

这种模式具有以下优势：其一，与送货上门相比，自提避免了二次物流带来的浪费。其二，可以减少客户等待时间。对于生鲜农产品来说，配送时间的延长增加了变质的可能性。自提可以避免这种情况。其三，自提方式更适合学校和机构以及注重隐私的客户。其四，自提方式节省了从社区配送点到客户家门口的物流成本，从而节省了整体运营成本，可以让商品价格更加实惠，吸引更多的消费者。

但这种模式的缺点是，电商企业与客户的沟通完全局限在网络上，失去了与客户面对面沟通、进行宣传和调查访问、收集信息和数据的机会，客户的意见不能直接反映给电商企业。另外，智能电子食品箱价格昂贵，日常维护成本高，这对电商企业来说是一笔很大的开支。还有一点是，这种模式有其适用产品。如果客户下的订单中包括两种储存条件不同的商品，比如蔬菜的最佳储藏温度是 16 摄氏度，但鲜鱼和鲜肉的最佳储藏温度是 0 摄氏度左右，两者相差 16 摄氏度左右，如果放在没有温差的智能电子食品箱中，容易造成损耗。

四 电商平台整合线下实体店资源模式

通过电商渠道购物，价格更直观，购买更方便，配送更快捷，支付方式更多样化，为消费者省时省力。但是，消费者通过电商购买生鲜农产品并不能直接体验生鲜农产品，对产品的新鲜度、颜色、风味等属性也没有直观的了解。如果电商平台独立完成整个线上到线下的购买流程，也需要线下布局，设置社区店等实体店面，建立物流配送体系，直接产生了高昂的成本。一些电商平台已经意识到了这一点，开始整合线下门店资源，建立一个点餐平台，吸引线下门店在线销售，并允许客户通过平台点餐，客户去实体店提货或配送给线下门店的客户。

例如，北京"果然快"电商公司建立微信平台，整合线下实体水果店的资源，让顾客可以通过互联网下单，从线下实体水果店提货，或者从实体店发货。目前已整合线下水果店2000多家，基本覆盖北京六环以内区域。线下实体水果店经营时间长，有一定的客户资源。如果通过微信购买水果，可以自由选择下单和取货时间，还可通过配送的方式，做到足不出户。同时，"果然快"可以通过微信在广泛的客户群中快速推送促销信息和优惠券，让消费者更及时地了解商品。根据"真快"的线上数据，通过"真快"平台下单，平均单日能给水果店带来50—150客单。通过这个电商平台，水果店可以轻松实现从线下到线上的飞跃，丰富销售渠道，吸引更多客户；电商企业通过在线上和线下快速布局，可以实现快速发展。

当然，这种模式也存在明显的劣势。线上电商平台和线下实体店互不归属，电商平台对线下门店的管控力度较弱，容易造成服务标准不一、产品质量不一、服务水平参差不齐等诸多问题。

五 电商平台为实体店顾客代购并配送模式

电商平台为实体店顾客代购并配送模式即电商平台与线下门店合作，客户通过电商平台下单，电商负责在实体店采购，给客户送货。实际上，电商是将线下门店（主要是大型综合超市）的商品搬到互联网上销售，同时为消费者提供购买商品、配送商品、送货等服务。

Dmall 就是这种模式的代表企业。Dmall 开发了网购 App"多点"和购物网站，并与线下生鲜超市物美、水果店果食多合作。Dmall 在合作超市设立电商小屋，推广网购平台，帮助消费者挑选、分拣商品并发货。消费者使用 App 购物时，可以根据定位信息直接向消费者推荐附近的超市。消费者只能在推荐的超市选择商品，其他超市因超出配送范围而无法在线购买。目前，Dmall 只为超市周边 3 公里的客户提供送货服务。订单生成后，Dmall 的工作人员负责采购与配送。

以 Dmall 为代表的生鲜 O2O 电商依托传统渠道的大型综合超市发展业务。电商注重平台建设和社区配送服务，不采购不仓储。这种模式中生鲜农产品 O2O 电商一般是与线下大型超市合作，且目标超市具有稳定的客户群体和购买渠道。电商省去了自我推销和购买的复杂流程，经过一段时间的发展，电商将掌握大量的线上客户资源。

这种模式的缺点是生鲜农产品电商需要实现线下超市的客户群体向线上转化的过程。线下超市的客户群体以社区居民为主，很多人不熟悉线上购买生鲜农产品，因此推动其从线下向线上转型需要大量的人力和物力投入。另外，超市和电商平台的运营一旦发生利益分歧，容易导致合作破裂。

六 农场 O2O 电商模式

在农场 O2O 电商模式中，生鲜农产品的生产者直接与消费者对接，最大限度地减少了生鲜农产品销售渠道中的中间环节，保障了食品安全。

例如，北京昌平区的 Aka 互联网农场，其利用互联网思维运营的创意有机农场。Aka 互联网农场创建于 2011 年，致力于改变传统的农产品市场营销思维与管理模式，集农产品、金融服务、信息技术为一身，努力打造国内创新的农业金融服务第一品牌。实施 O2O 生活体验式居民消费，向会员家庭、社会、公司、农民等提供农业生活消费服务体验、农产品流通、农业金融服务等生态链的农产品服务平台。目前共有 4 个会员制农场，面积达 2000 亩，整合了有机肉、蛋、禽、米、果五大核心农产品，共有数万会员家庭、200 余家跨国企业、600 余家学前教育机构参与。

农场 O2O 电商模式有如下优势：（1）农场与消费者直接接触，农场直接服务社区，避免中间环节，节约成本，在产品价格上有优势。（2）消费者对有机产品和食品可追溯性的需求容易得到满足，消费者通过扫码可以追溯生鲜农产品的产地、生产者、收获日期等信息。（3）生鲜农产品的农场销售可以结合消费者的农场体验游，为农场增收提供增长点。（4）可以推广种植前销售，即消费者通过网络定制生鲜农产品，在农产品生产前进行预付款，收获后根据实际收获情况支付余款。这样使生鲜农产品的生产者和消费者成为利益共同体，更好地保护了生产者和消费者双方的权益。

农场 O2O 电商模式也存在一些不足。首先，通过这种模式销售的生鲜农产品不是普通的生鲜农产品，通常是有机食品，甚至是一些高端的进口食品。为了保证产品质量，农场直接从事配送和销售，成本投入比较大。因此，只有价格相对较高的有机食品和高端特色农产品才会为农场带来利润。农场 O2O 电商模式虽然省略了流通的中间渠道，但由于其农产品生产要求高、产量低，导致运营成本高，利润有限。

七　线下农产品批发市场自建 O2O 电商平台模式

线下农产品批发市场自建 O2O 电商平台模式即线下农产品批发市场入驻电商平台或运营自有 O2O 网络平台，直接向客户销售生鲜农产品。例如，北京新发地农副产品批发市场已经在 1 号店和京东商城运营旗舰店，通过既有电商平台销售高档水果和蔬菜。另外，2015 年 11 月 11 日，其自有电商 O2O 平台开始上线。作为北京市政府"菜篮子工程"的一部分，新发地农产品直营店已经在北京市开设了 140 多个便民菜店，在北京市 300 多个居民小区开设了"菜篮子直通车"。

线下大型农产品批发市场自建 O2O 电商平台模式，既可以为农产品批发市场开拓客户，从批发到零售、从线下到线上，可以很好地利用农产品批发市场的仓储和物流优势，充分利用农产品批发市场的资源。然而，农产品批发市场需要店面和物流方面的投资，缺乏零售和电商运营经验，在运营初期会遇到很多困难。

八　线下超市自建 O2O 电商平台模式

线下超市自建 O2O 电商平台模式即为线下超市开发一个线上购物平台，利用线下实体店的优势，在增加线下实体店销量的同时，吸引线下顾客到线上店购物。以永辉超市、沃尔玛为代表的电商企业采取这种模式运营。例如，2015 年 8 月，京东商城入股永辉超市，持股约 10%，加强了双方在 O2O 领域的合作。深圳沃尔玛引入了移动 App，顾客在使用 App 下单后，即可选择提货并送货上门。

设立网购平台的超市一般是在社区经营多年的大型连锁超市，客户稳定，在消费者心目中具有品牌优势。线下实体超市一旦建立电商平台，容易得到消费者的信任，在运营上快速走上正轨。但线下实体超市往往缺乏电商运营模式的经验，线上平台的管理和维护相对落后。同时，社区生鲜农产品的消费者以中老年人为主，对网购不熟悉，需要培养网购习惯。另外，为了实现线上订单的物流配送，线下超市也需要成立配送团队，增加人员投入和物流成本。大型超市经常会引入第三方物流公司，虽然可以解决成立交付团队带来的成本增加问题，但由于第三方的介入，服务质量往往难以控制。

第二节　生鲜农产品电商线上线下融合模式的比较分析

生鲜农产品电商要保持长期稳定发展，需要考虑运营的各个方面。不同生鲜农产品电商线上线下融合模式在产品来源、线下渠道管理、物流、客户满意度、人员投入、覆盖区域和目标客户群体等方面存在较大差异。为了明确各种模式的适应性，保证运营效益的最大化，本节从以下方面对这些模式进行分析比较。

一　货源

生鲜农产品电商在货源方面可以分为自有供给和外部采购两种类别，见表 4.1。

表 4.1　　　不同模式的生鲜农产品电商在货源方面的比较

类别	货源	代表模式	优势	劣势
自有供给	自有农场供货或者从合作农场采购为主	农场 O2O 电商，"线上销售、线下体验店"	产品可追溯，货源质量有保证	品种少，价格高

续表

类别	货源方面要点	代表模式	优势	劣势
外部采购	批发市场、产地农户、产地直供等	"线上销售、线下社区店"，"线上销售、线下自提"，线下农产品批发市场自建O2O电商平台，线下超市自建O2O电商平台，电商平台整合线下实体店资源，电商平台为实体店顾客代购并配送	产品多样化，多渠道供货货源稳定，适合大众化消费	产品质量不稳定

二 销售渠道管理

从销售渠道管理来看，可分为自营实体店和非自营实体店两种类别，见表4.2。自营实体店的生鲜农产品电商投入了大量资金和人力，需要独自承担经营风险。所以这类电商需要统一门店布局，突出品牌形象，将行为规范和应急措施标准化、数字化、系统化，提高门店亲和力，优化门店资源配置，实现利润最大化。非自营实体店的电商可以在自己熟悉的领域经营，专注于网络平台建设和线下物流配送环节，投入的资金和人力较少，是一种轻资产的生鲜农产品电商模式。对比以上两类电商，可以看出，非自营实体店的生鲜农产品电商在销售渠道管理上具有投入低、专业性强、客户群稳定的优势。

表4.2　不同模式的生鲜农产品电商在销售渠道管理方面的比较

类别	销售渠道管理方面要点	代表模式	优势	劣势
自营实体店	线上：维护线上销售平台；线下：门店形象，门店选址，人员配置，服务规范化	从线上到线下："线上销售、线下体验""线上销售、线下社区店""线上销售、线下自提"；从线下到线上：线下超市自建O2O电商平台，线下农产品批发市场自建O2O电商平台	可通过门店宣传电商，实现线上线下互动互相促进；从线下发展到线上的模式对线下销售控制强；从线上发展到线下的模式对线上平台维护强	投入大，对线下或者线上管理不专业，电商单独经营实体店风险大

类别	销售渠道管理方面要点	代表模式	优势	劣势
非自营实体店	线上：维护线上销售平台；线下：物流配送	电商平台为实体店顾客代购并配送，电商平台整合线下实体店资源	投入小，可以利用超市既有资源，专注于配送和线上平台建设	对线下实体店无控制力

从以上讨论可以看出，如果生鲜农产品电商单独经营线下门店，会面临管理问题和资金问题，会增加经营风险，影响电商整体利润。与现有线下门店合作，整合线下门店资源，为实体店采购发货，更适合生鲜农产品电商的早期发展。线下销售渠道积累管理经验后，可考虑少量线下门店自营。

三　资金投入

生鲜农产品电商需要投资网站建设，开发适合不同手机操作系统的App，维护微信微博平台，搭建产品和客户数据库，维护线上软硬件设备。此外，还需要对公司的经营进行必要的人员和资金投入。在上述方面，不同的生鲜农产品电商模式基本相似。线下方面，由于生鲜农产品电商采用不同的方式完成物流配送的"最后一公里"，电商是否拥有实体店也决定了线下投入的资金量。不同模式的生鲜农产品电商在资金投入方面的比较见表4.3。

表4.3　　不同模式的生鲜农产品电商在资金投入方面的比较

类别	线下资金投入要点	代表模式	优势	劣势
自建或自有物流体系	建立物流体系费用，仓库费用，解决"最后一公里"难题费用	农场O2O电商	物流服务质量高	资金投入大

类别	线下资金投入要点	代表模式	优势	劣势
自建实体店	实体店租金，人员费用	"线上销售、线下体验店""线上销售、线下社区店"	解决社区配送难题，为和客户面对面沟通构建平台，有利于吸引线下客户到线上	资金投入大
设置自提柜	自提柜费用，设备维护费用，设备维护人员的费用	"线上销售、线下自提"	客户取货灵活，生鲜农产品保鲜	资金投入较大，维护成本高
与社区超市/便利店合作	与合作超市/便利店利益分成，地推人员费用	电商平台整合线下实体店资源	投入小；能迅速扩大覆盖范围；贴近消费者，订单配送快	对社区店控制不强，服务水平参差不齐，合作关系不稳定
"代购＋配送"	与合作超市利益分成，近距离配送费用，代购配送人员费用	电商平台为实体店顾客代购并配送	利用线下超市资源和客户，能迅速扩大覆盖范围，投入相对小	对超市控制不强，合作关系不稳定

从资金投入来看，新兴的生鲜农产品电商由于资金不足，无法自建物流或设立线下门店，可以从实体店采购配送或整合线下社区店资源的模式入手，逐步扩大覆盖面，稳定与超市、社区便利店的合作关系，稳步提升业务量和经营利润。

四 解决物流"最后一公里"难题的方式

"最后一公里"配送是生鲜农产品电商物流的一个难点，目前生鲜O2O电商主要采用以下方式（见表4.4）。第一种方式是生鲜农产品电商自建物流。这种方式需要投入大量的资金，但可以从根本上缩短物流时间，提高物流质量。第二种方式是在客户集中的社区设立配送站。配送站设有自提点和配送点。但由于配送站的投入较大，电商的资产回报率往往会下降，这种方式只有在相当规模的销售支持的情况下才能采用。第三种方式是利用社区便利店提供配送服务，采用"众包物流"模式，利用 App 将线上订单配送到附近社区便利店，在最短时间内完成配送。第四种方式是电商直接从事"最后一公里"物流，生鲜农产品电商为线下门店提供采购配送服务，充当物流公司解决"最后一公里"难题。

表4.4　　不同模式的生鲜农产品电商在解决"最后一公里"难题方面的比较

方式	物流要点	代表模式	优势	劣势
生鲜农产品电商自建物流	从产地直送给客户，专用物流	农场O2O电商	物流速度快，避免中间环节，保持生鲜农产品的鲜度，真正实现产地直供	成本高，服务区域小
设立配送站	社区店、体验店作为配送点服务周边顾客	"线上销售、线下体验店"，"线上销售、社区店"，线下超市自建O2O电商平台	配送速度快，贴近顾客，便于引导顾客从线下转向线上	成本高，服务区域小
利用社区便利店提供配送服务	众包物流方式，利用社区闲散资源	电商平台整合线下实体店资源	配送速度快，成本低，服务区域大，业务扩张快	服务质量难以统一，线下社区便利店和电商合作关系不稳定
电商直接提供"最后一公里"物流	电商完成"最后一公里"物流服务	电商平台为实体店顾客代购并配送	配送速度快，不需要电商建立仓库和配送点	电商和超市合作关系不稳定

五　客户满意度

艾媒咨询2020年的数据表明，影响生鲜农产品电商消费最主要的原因之一是消费者看不到实物。在客户满意度方面，不同模式的生鲜农产品电商具有不同的影响，见表4.5。

表4.5　　　不同模式的生鲜农产品电商在客户满意度方面的比较

类别	客户满意度要点	代表模式	优势	劣势
自有线下实体店	客户与实体店接触频率高	"线上销售、线下体验店"，"线上销售、线下社区店"，线下超市自建O2O电商平台	配送快；实体店可以及时解决服务中的问题；在实体店中可以亲身体验，容易提升满意度；同一社区容易产生口碑效应	服务出现问题容易形成不良口碑
利用社区便利店提供配送服务	客户与便利店接触频率高	电商平台整合线下实体店资源	配送快，社区实体店给客户放心感	社区店服务水平参差不齐，电商对社区店控制力差，客户对社区店的不满容易转嫁给电商
社区设置自提柜	客户与电商无直接接触	"线上销售、线下自提"	产品保鲜；顾客能在第一时间知道产品送达；体验新奇，科技感强	客户对服务和产品有意见很难第一时间直接反馈给电商
电商平台为线下超市提供代购和配送服务	客户与电商配送人员接触	电商平台为实体店顾客代购并配送	配送快，服务标准化，产品丰富，货源可靠	客户对产品有意见很难第一时间直接反馈给超市

利用实体店作为社区仓库和配送点的方式，迎合了消费者对配送时间的要求，减少了配送时间，降低了物流成本。通过实体店，客户可以

提高对生鲜农产品的认识、激发购买欲望以及增强对生鲜农产品电商的好感度和满意度。社区内的便利店被视为电商的投放点和配送点，双方不存在隶属关系。配送服务一旦出现问题，客户就会对生鲜农产品电商产生不满，而这种不满如果转化为对电商的负面评价，就会在社会上迅速传播，严重损害电商形象。

社区内设置自提柜的方式，既减少了实体店的投资成本，又加强了服务管控。但这种方式缺乏交付人员与客户的直接沟通，牺牲了在交付第一时间获得客户反馈、听取客户意见的机会。

通过上述对比与分析，可以发现，在社区里设立电商自营实体店是提高客户满意度的最好方法，但成本投入相对较大。由于可以对物流配送员工实施统一培训与管理，客户对物流配送业务的满意度也会较高。

六　人员投入

生鲜农产品电商既需要线上人员又需要线下员工进行经营。线上员工主要为互联网产品或 App 营销、顾客投诉响应、IT 服务、互联网维护等的工作人员线下员工包括负责采购、分拣、仓储、配送、设备维护和门店的人员。不同模式的生鲜农产品电商在人员投入方面的比较见表4.6。

表4.6　　　　不同模式的生鲜农产品电商在人员投入方面的比较

类别	人员投入要点	代表模式	优势	劣势
自有线下实体店	店员兼配送员	"线上销售、线下体验店"，"线上销售、线下社区店"，线下超市自建 O2O 电商平台	自有人员便于管理，服务标准化	人员投入多，费用高
社区设置自提柜	自提柜保养维护	"线上销售、线下自提"	人员投入少，费用低	顾客很难与电商人员直接沟通

续表

类别	人员投入要点	代表模式	优势	劣势
利用社区便利店提供配送服务	众包物流，需要地推人员	电商平台整合线下实体店资源	不需要投入配送人员，费用低	地推人员多，成本较高
电商平台为线下超市提供代购和配送服务	电商人员在线下实体店中进行代购、地推并送货	电商平台为实体店顾客代购并配送	不需要仓储管理人员	人员投入相对大，成本较高

基于以上对生鲜农产品电商不同模式在人员投入方面的对比分析，可以看出，如果追求节约人员成本，社区设立自提柜是最佳选择。

七　覆盖区域

O2O电商覆盖区域的大小，与运营模式有关。以实体店形式运营的生鲜农产品电商，由于服务范围有限，覆盖区域只能局限在实体店周边。整合线下社区便利店资源运营的生鲜农产品电商，利用现有的社区资源，采用"众包物流"的方式，形成快速、广泛的布局。目前很多线下传统超市利用现有的线下客流带动线上销售，灵活利用资源进行线上线下互动进行促销活动。此外，还出现了一种新的电商模式，依附于线下大型超市，为超市客户采购配送商品，成为线下门店与线上客户之间的桥梁。这种模式的覆盖区域与线下超市基本一致。不同模式的生鲜农产品电商在覆盖区域方面的比较见表4.7。

表4.7　　不同模式的生鲜农产品电商在覆盖区域方面的比较

类别	覆盖区域要点	代表模式	优势	劣势
自有线下实体店	实体店辐射周边社区	"线上销售、线下体验店""线上销售、线下社区店"	社区顾客对邻近的实体店黏合度高	覆盖区域受到实体店服务辐射范围限制

类别	覆盖区域要点	代表模式	优势	劣势
利用社区便利店提供配送服务	便利店为邻近社区服务	电商平台整合线下实体店资源	社区顾客对邻近的实体店黏合度高	覆盖区域受到实体店服务辐射范围限制
线下超市在线上开设 O2O 电商	实体店辐射周边社区	超市自建 O2O 电商平台	社区顾客对邻近的超市黏合度高	覆盖区域受到实体店服务辐射范围限制
电商平台为线下超市提供代购服务	电商平台帮助超市辐射周边社区	电商平台为实体店顾客代购并配送	社区顾客对邻近的超市黏合度高	覆盖区域受到实体店服务辐射范围限制
农场自营 O2O 平台	经济发达地区高消费人群	农场 O2O 电商	可以送达各地客户	产品价格高，客户群体小

通过以上比较，可以发现，与超市、电商社区店、体验店相比，融合线下社区便利店模式的生鲜农产品电商合作社区便利店数量更多，覆盖区域更广，在覆盖区域上具有绝对优势。但如果追求客户的质量，以农场 O2O 电商模式的式，客户购买力水平最高。

八　目标客户群

由于生鲜农产品在物流储运方面的特殊性，生鲜农产品电商在物流方面存在大量的投资成本，这必然会体现在产品价格上。如果生鲜农产品电商对目标客户群定位不准确，目标客户群没有相应的购买力，无法支撑生鲜农产品电商的日常运营，生鲜农产品电商就无法生存。在目标客户群方面，由于生鲜农产品电商的产品和服务不同，定位也不同（见表 4.8）。

表4.8　　　不同模式的生鲜农产品电商在目标客户群方面的比较

类别	目标顾客群要点	代表模式	优势	劣势
农场自建O2O电商平台销售生鲜农产品	高收入阶层；讲究生活品质和特殊需求人群	农场O2O电商	客户群体消费水平高，销售利润高	群体局限性强，目标客户人群总量不大
利用社区便利店提供配送服务	大众化消费群体	电商平台整合线下实体店资料	目标人群总量大，有一定消费水平，重复购买多	购买产品金额小，价值低
生鲜O2O电商自有线下实体店	大众化消费群体	"线上销售、线下体验店""线上销售、线下社区店"	社区目标人群大，社区客户对邻近的实体店黏合度高，重复购买多	购买产品金额小，价值低
线下超市在线上建立O2O电商平台	大众化消费群体	线下超市自建O2O电商平台	社区目标人群大。社区客户在邻近的实体店重复购买多	购买产品金额小，价值低
电商平台为线下超市提供代购服务	大众化消费群体	电商平台为实体店顾客代购并配送	社区目标人群大，社区客户在邻近的实体店重复购买多	购买产品金额小，价值低

　　从目标客户群的对比中可以发现，除农场O2O电商模式外，其他模式的生鲜农产品电商均将其重点目标客户锁定于热门的大众化消费群体。尽管一次购物的消费数额不大，但客户数量庞大，且重复购买率较高。

第 五 章

影响生鲜农产品电商线上线下
融合发展的关键因素分析

本章首先采用了贝叶斯网络作为影响生鲜农产品电商线上线下融合发展因素识别的理论基础，建立了线上线下融合发展模式下企业供应链失效风险识别的贝叶斯网络架构，并利用三角模糊函数方法得到贝叶斯网络的条件概率值。其次，从产品质量、产品价格以及服务水平三个方面识别影响生鲜农产品电商线上线下融合发展的因素。最后，通过贝叶斯网络对相关因素进行研究，分析影响生鲜农产品电商线上线下融合发展的关键因素，为有效促进生鲜农产品电商线上线下融合发展提供理论支持和实践基础。

第一节　贝叶斯网络概述

为了实现关键路径的分析，本章对比了多种网络分析方法，最终选取贝叶斯网络作为主要工具。贝叶斯网络将贝叶斯方法与图论、先验知识与样本信息相结合，能够处理不完全数据，是数据挖掘和不确定性表示的理想模型。贝叶斯网络首先从定量的角度分析问题，通过数据分析结果定性地描述变量及其概率值之间的因果关系。在生鲜农产品线上线下融合发展模式中，部分环节往往会出现一些不确定性，而贝叶斯网利用其反向推理功能和高后验概率，可以有效定位影响事故发生的关键节点。

一 贝叶斯网络理论

本章采用了贝叶斯网络这一工具实现对不同影响因素框架的构建和关键因素的分析。在使用贝叶斯网络前，需要明确建立贝叶斯网络结构模型的基本方式以及具体内容。建立贝叶斯网络结构模型，大致有三种方式：一是依靠专家的个人经验，手工搭建贝叶斯网络的结构模型；二是基于对贝叶斯网络数据库的分析结果，自动形成贝叶斯网络结构模型；三是综合前两种方法的优点，对网络结构进行建模，并充分发挥各自的优势。具体而言，首先根据专家的个人经验初步构建贝叶斯网络结构模型，其次根据获取的现有数据库数据对初步构建的贝叶斯网络结构模型进行修正。本章采用第三种方法构建并修正了贝叶斯网络结构模型，根据所需要的关键信息，实现贝叶斯网络中的相关计算过程。

贝叶斯网络的推理和后验概率算法主要是通过应用贝叶斯公式及其变形公式来进行推理实现。[①]

1. 贝叶斯公式

$$P(B_i \mid A) = \frac{P(A \mid B_i)P(B_i)}{\sum_{i=1}^{n} P(A \mid B_i)P(B_i)} \tag{5.1}$$

式（5.1）即为贝叶斯网络在进行正向推理和逆向推理时需要使用的贝叶斯公式，可以在此公式的基础上进行一些变形与推理运算。其中，$P(B_i)$ 所代表的是贝叶斯网络中的先验概率值，$P(B_i \mid A)$ 所代表的是贝叶斯网络中的后验概率值。在贝叶斯网络的逆向推理计算中，依据已知的先验概率值来推导出其后验概率值就是通过使用式（5.1）来完成的。

2. 贝叶斯网络的联合条件概率分布

$$P(X_1, X_2, \cdots, X_n) = \prod_{i=1}^{n} P(X_i \mid X_1, X_2, \cdots, X_{i-1}) \tag{5.2}$$

如果贝叶斯网络中节点 X_i 的父节点的集合用 $\{parent(X_i), i = 1, 2, \cdots, n\}$ 来表示，那么贝叶斯网络节点 X_i 的条件概率可以表示为：

---

① 陆宁云：《一种基于贝叶斯网络的故障预测方法》，《东南大学学报》2012 年第 1 期。

$$P\ (X_i \mid X_1,\ X_2,\ \cdots,\ X_{i-1})\ = P\ [\,X_i \mid \mathrm{parent}\ (X_i)\,] \qquad (5.3)$$

因此，式（5.2）可以进一步简化为

$$P(X_1, X_2, \cdots, X_n)\ = \prod_{i=1}^{n} p[\,X_i \mid \mathrm{parent}(X_i)\,] \qquad (5.4)$$

式（5.3）是根据条件独立性原理简化的多变量贝叶斯网络的联合条件概率分布。将条件概率分布与贝叶斯网络相结合，可以减少条件概率分布的计算量。

当网络结构确定后，贝叶斯网络通过每个节点的条件概率表学习参数。在研究的早期，贝叶斯网络的条件概率分布大多是基于专家的个人经验来定义的，但这种方法得到的研究结果与实际观测数据存在一定的偏差。现阶段首先根据获得的数据确定节点的概率分布，并进行进一步的分析计算。本章所使用的基于贝叶斯网络建模方法，首先是依据专家的个人知识经验确定贝叶斯网络结构，在此基础之上通过对现有数据资料的学习分析来确定最终的贝叶斯网络结构模型。[①]

二　消息传播理论

贝叶斯属于一种动态更新的算法，在分析关键因素时，需要对不同节点的数据进行同步的更新，此时就涉及消息传播理论。消息传播也被称为信念传播，消息传播算法（Message – Passing）主要是用来解决单连通网络（Singly – Connected Networks）的推理问题，单连通网络又被称为多树（Polytree）。多树是指具有若干个根节点的有向树，但任意两个节点之间最多存在一条路径。贝叶斯网络推理的基本任务是在给定某一节点的证据时，计算其他关联节点的信度，从而进行整个贝叶斯网络信度更新（Belief Updating）。在算法过程中，通过 $\lambda\ (X)$ 和 $\pi\ (X)$ 两个参数，根据证据节点 E 对 $Bel\ (X)$ 进行更新。其中节点 X 向父节点 U_i 传递的消息记为 $\lambda_x U_i$，节点 X 向子节点 Y_j 传递的消息记为 $\pi Y_j\ (X)$，以更新父节点及子节点的信度。消息传播算法的计算过程如图5.1所示：

分别计算各节点的信度：

---

① 周国华、彭波：《基于贝叶斯网络的建设项目质量管理风险因素分析——以京沪高速铁路建设项目为例》，《中国软科学》2009 年第 9 期。

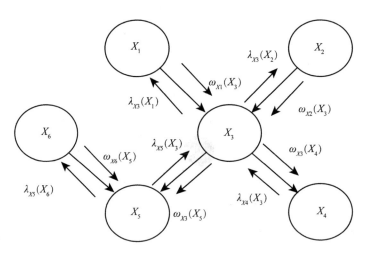

图 5.1 消息传播算法

$$Bel(X) = \alpha\lambda(X)\pi(X)V$$

$$V\lambda(X = x_i) = \begin{cases} 1 \text{ 证据为 } x_i \\ 0 \text{ 证据为 } x_i \text{ 且 } x_i \neq x_j \\ \prod_j \lambda_{Y_j}(X) \text{ } X \text{ 没有证据输入} \end{cases}$$

$$\pi(X) = \sum_U P(X \mid U) \prod_i \pi_X(U_i)$$

从节点 X 传播到其父节点 U_i：

$$\lambda_X(U_i) = \alpha \sum_X \lambda(X) \sum_{U \setminus \{U_i\}} P(X \mid U) \sum_{k \neq i} \pi_X(U_k)$$

从节点 X 传播到其子节点 Y_j：

$$\pi_{Y_j}(X = x_i) = \begin{cases} 1 \text{ 证据为 } x_i \\ 0 \text{ 证据为 } x_j \text{ 且 } x_i \neq x_j \\ \alpha \prod_{k \neq j} \lambda_{Y_k}(X) \sum_U P(X \mid U) \prod_i \pi_X(U_i) = \\ \dfrac{\alpha Bel(X)}{\lambda_{Y_j}(X)} \text{ } X \text{ 没有证据输入} \end{cases}$$

其中，α 为归一化因子。

三　贝叶斯网络中的条件概率的计算

在理解贝叶斯网络的基础内容后，需要相关计算来实现最终结果的表示。设贝叶斯网络中的节点个数为 n，节点 X_i 的父节点的集合为 $\{parent\ (X_i)$，$i = 1$，2，$\cdots$，$n\}$，变量 B_i 所代表的是贝叶斯网络中父节点集合所组成的向量，而向量 B_i 的数值用 b_i 来表示，则贝叶斯网络中节点 X_i 的条件概率分布为：

$$P\ [X_i \mid parent\ (X_i)] = \frac{P\ [X_i,\ parent\ (X_i)]}{P\ [parent\ (X_i)]} = \frac{P\ (X_i = x_i,\ B_i = b_i)}{P\ (B_i = b_i)}$$

当贝叶斯网络中节点 X_i 的父节点个数为 3 个时，节点 X_i 的条件概率分布计算公式如式（5.5）所示。当父节点的状态均是 $State0$ 时，节点 X_i 的状态也是 $State0$ 时，则其条件概率值为[①]：

$$P\ (X_i = State0 \mid B_1 = Staet0,\ B_2 = State0,\ B_3 = State0) =$$

$$\frac{P\ (X_i = State0,\ B_1 = State0,\ B_2 = State0,\ B_3 = State0)}{P\ (B_1 = State0,\ B_2 = State0,\ B_3 = State0)} \quad (5.5)$$

由条件概率公式可以看出，在条件概率值的计算中，需要大量的样本数据来满足贝叶斯网络结构中各节点在不同值下的计算要求，子节点的计算量随着父节点数的增加呈指数增长。当无法准确得到贝叶斯网络中每个节点的条件概率值时，需要利用集体决策的概念，根据被访谈专家的个人知识和经验来确定。主要解决方法是利用语义值对贝叶斯网络中各节点的条件概率分布进行判断，并利用三角模糊函数法对问卷结果进行后处理，将语义值转换为对应的三角模糊值，并计算加权平均和条件概率值。

IPCC（Intergovernmental Panel on Climate Change）所使用的是七档分级的方法，对不同语言变量之间和其所相对应的风险发生概率值进行描述。事件发生概率的语意值与相应的三角模糊数见表5.1。

---

① 马德仲：《基于模糊概率的多状态贝叶斯网络可靠性分析》，《系统工程与电子技术》2012 年第 12 期。

表 5.1　　　　　事件发生概率的语意值与相应的三角模糊数

概率范围	三角模糊数	表述语句
<1%	(0.0, 0.0, 0.1)	非常低
1%—10%	(0.0, 0.1, 0.3)	低
10%—33%	(0.1, 0.3, 0.5)	偏低
33%—66%	(0.3, 0.5, 0.7)	中等
66%—90%	(0.5, 0.7, 0.9)	偏高
90%—99%	(0.7, 0.9, 1.0)	高
>99%	(0.9, 1.0, 1.0)	非常高

可以采取问卷调查的方法来取得贝叶斯网络中各节点的条件概率分布，在此基础之上依据表 5.1 所列示的语意值可以将问卷调查结果进一步转换如下形式的三角模糊数：

$$\tilde{P}_{ij}^k = (a_{ij}^k, m_{ij}^k, b_{ij}^k), \quad k = 1, 2, \cdots, q$$

进一步可得，节点 X_i 处于状态 j 情况下的平均模糊概率值为：

$$\tilde{P}_{ij}^{'} = \frac{\tilde{P}_{ij}^1 \oplus \tilde{P}_{ij}^2 \oplus \cdots \oplus \tilde{P}_{ij}^q}{q} = (a_{ij}^{'}, m_{ij}^{'}, b_{ij}^{'})$$

依据三角模糊数中的均值面积法来确定贝叶斯网络中节点的精确概率值，节点 X_i 处于状态 j 情况下的精确概率值为：

$$P_{ij}^{'} = \frac{a_{ij}^{'} + 2m_{ij}^{'} + b_{ij}^{'}}{4}$$

归一化之后，最终可以得到节点 X_i 的条件概率值：

$$P = \frac{P_{ij}^{'}}{\sum P_{ij}^{'}}$$

第二节　影响因素分析

在确定了所需要的理论方法后，就需要根据理论方法收集所需要的关键因素。此时，如何确定生鲜农产品线上线下融合发展的影响因素成为本章的基础内容以及重点。本章需要通过影响因素的分析，为后续关键因素的识别提供方向。在选取所有影响因素时，应考虑以下原则。

（1）代表性原则

无论采用何种关键因素分析方法，选择的因素（节点）应能充分反映研究对象的真实情况，充分展现研究对象的内在特征，避免出现片面、不完整的情况。如果列出的节点（因素）不能完全描述研究对象的真实情况，将导致研究对象信息的丢失。

（2）有效性原则

在因素分析的过程中，所提炼的所有因素必须真实有效，应该通过客观的方法识别，保证后续研究的科学性。

（3）独立性原则

独立性原则是指某些影响因素网络中的节点表达的意义之间没有交叉，每个节点可以独立表达自己的意义。

根据代表性、有效性和独立性原则，根据生鲜农产品线上线下融合发展的相关数据，考虑相关专家的建议，从产品质量、产品价格以及服务水平三个方面出发，识别出 28 个生鲜农产品线上线下融合发展的因素（节点）。生鲜农产品线上线下融合发展模式下的供应链模型，将生鲜农产品供应链中的生产者、供应商、服务提供者和客户进行综合考量，充分考虑各环节的关键代表性影响因素，以最终的顾客满意度作为衡量指标。通过综合考虑选取原则以及方向，该模型能够充分反映供应链失效风险中的影响因素。

一　产品质量因素

产品质量作为评价生鲜农产品线上线融合发展模式下供应链的重要指标，直接影响顾客满意度，主要体现在农产品采摘技术、贮藏技术、包装技术、生鲜农产品破损率、生鲜农产品保鲜期五个方面。

第一，农产品的采摘技术主要体现在农产品采摘过程中工具的使用和采摘后的加工工艺，以及农产品的挑选、分级和修整。除了冷藏环节，生鲜农产品从采摘到消费需要经过包装、加工、冷链、物流和运输等一系列复杂严苛的流程。这些流程中都可能产生农产品的损耗。

第二，贮藏技术是指能够减少农产品采摘加工后损失的冷藏技术和保鲜技术。贮藏技术可以直接影响生鲜农产品的破损率和产品质量，对提高顾客满意度具有重要作用。

第三，包装技术可以通过对生鲜农产品进行包装，实现减少水分流失、提升产品价值、促进产品销售的目标。包装技术落后是造成生鲜农产品腐败的最主要因素，因此，包装技术影响着生鲜农产品的运营成本和用户体验。

第四，生鲜农产品破损率对产品质量的负面影响往往源自于生鲜农产品在运输过程中的损耗和销售过程中的破损。如何控制生鲜农产品破损率，成为生鲜农产品电商企业分销网络中的关键环节。

第五，生鲜农产品的含水量和易腐性决定了生鲜农产品的保鲜期，而保鲜技术和加工能力则控制了生鲜农产品的物流运作质量。因此，在生鲜农产品保鲜期快速将产品送达客户，不仅可以减少产品的积压和损失，也能满足客户的即时需求。

二 产品价格因素

生鲜农产品线上线下一体化发展模式下产品价格对顾客满意度的影响主要表现在采购成本、逆向成本、持有成本和运输成本四个方面。

采购成本主要体现在生鲜农产品的采购次数和数量、采购企业的信用水平和议价能力等方面。采购人员在确认采购成本后，会根据成本范围与供应商进行价格协商。但在协商过程中，生鲜农产品价格可能会出现较大波动。生鲜农产品质量无法标准化，导致采购部门无法对供产商的产品品质做出比较和管理，也难以量化标准的采购价格。另外，由于生鲜农产品具有很强的季节性，以及生鲜农产品产量对天气、气候的依赖性，导致了生鲜农产品产量的不确定性。这种不确定性使得生鲜农产品采购的品种和数量难以预测，进而影响导致采购次数和数量。

逆向成本是指在生鲜农产品销售过程中包装材料的回收、销售信息的收集和反馈以及生鲜农产品的退货所产生的成本。包装材料的回收过程主要分为四个阶段：分类、检测、修理和库存。在这个过程中，包含四个实体：物流公司、消费者、回收检测中心和维修中心，具体的流程包括：快递产品经物流公司送达消费者手上；消费者选择是否回收快递包裹；选择回收快递包裹的消费者可通过线上或线下等途径，将其送到回收检测中心；检测中心对已回收的快递包装进行检测和分析；回收检测中心通过破损状况确定包装是否能够回收。通过上述复杂的过程，包装材料回收产生了生鲜农产品的逆向成本。除了包装回收过程，生鲜农产品退货也是逆向成本的主要组成部分。对于消费者而言，其有权利对不满意或者不合格的产品进行退换。在这个过程中，不仅产生了运输成本，也会生生鲜农产品腐败等造成的损失。

　　持有成本体现为生鲜农产品企业为应对市场不确定性而准备的安全库存和为满足消费者日常需求而产生的周转库存所付出的成本。生鲜农产品库存的主要功能是有效促进供需平衡，保障经营活动正常运行，具体包括：提高客户响应速度，保障正常供应，提高服务质量；集中分批下单，减少订单数量，降低采购成本。由于生鲜农产品的特性，对于生鲜企业而言，其理论的购买量应等于日均销售额。此外，大多数企业通过签订可持续订单形式的合同，实现生鲜农产品的多次交付。在总部或配送中心集中采购，门店根据所需订单填写商品申请表，实时发送给总部。总部审核后，汇总各门店所需生鲜农产品的品种和数量，随后满足门店的需求。生鲜农产品的独特性决定了库存的灵活性，因此应避免高持有成本。

　　运输成本是指生鲜农产品从卖方到达最终消费者的处理成本。生鲜农产品从生产者到达消费者主要经过生产者—产区批发—配送中心批发—销售区批发—零售商家—消费者等环节，成交过程复杂烦琐，中间环节多。另外，部分生鲜农产品需要特殊包装和冷链物流配送服务。冷链物流配送能力，直接决定着后端生鲜电商的使用体验、成本管控，乃至采购议价能力。在冷链运输的产业链中，高生产成本主要产生于中下游的冷链储存与流通等环节。例如，冷库建造成本较高、冷链运输车等冷链设施投入较大、冷链运输技术要求高等因素，都进一步造成了运输成本急剧上升。

三　服务水平因素

　　服务水平对顾客满意度的影响体现在物流水平和外部环境上。物流水平是指线上线下两种模式下生鲜农产品的线上订单处理能力和配送效率，物流水平受到配送能力、配送效率和物流资源利用率的影响。外部环境体现在知识结构比例、从业者技能水平、市场预测准确性、生鲜农产品信息的及时性、资金水平等方面。

　　本章将所获取的所有因素（节点）进行了数据化的处理，节点的序号与值域见表 5.2。

表 5.2 节点的序号与值域

序号	节点	值域
A_1	顾客满意度	(0, 1)
A_2	产品质量	(0, 1)
A_3	服务水平	(0, 1)
A_4	产品价格	(0, 1)
B_1	技术水平	(0, 1)
B_2	生鲜农产品破损率	(0, 1)
B_3	生鲜农产品保鲜期限	(0, 1)
B_4	物流水平	(0, 1)
B_5	外部环境	(0, 1)
B_6	运输成本	(0, 1)
B_7	持有成本	(0, 1)
B_8	逆向成本	(0, 1)
B_9	采购成本	(0, 1)
C_1	配送能力	(0, 1)
C_2	配送效率	(0, 1)
C_3	物流资源利用率	(0, 1)
C_4	人员能力	(0, 1)
C_5	信息化水平	(0, 1)
C_6	资本水平	(0, 1)
C_7	包装技术水平	(0, 1)
C_8	仓储技术水平	(0, 1)
C_9	农产品采摘技术	(0, 1)
D_1	技术设备利用率	(0, 1)
D_2	基础设施利用率	(0, 1)
D_3	知识结构比例	(0, 1)
D_4	从业者技能水平	(0, 1)
D_5	市场预测准确性	(0, 1)
D_6	生鲜农产品信息的及时性	(0, 1)

第三节　关键因素的贝叶斯分析

在明确了所有的因素（节点）以及研究方法后，需要根据影响因素构建贝叶斯网络的框架。随后，利用实际的数据完成最后的分析，找出影响生鲜农产品电商线上线下融合发展的关键因素。

一　影响生鲜农产品电商线上线下融合发展的贝叶斯网络结构模型

根据贝斯网络理论的基础内容，以及前文从三个方面总结的影响因素，本章对影响生鲜农产品电商线上线下融合发展的贝叶斯网络结构模型进行了构建，如图5.2所示。

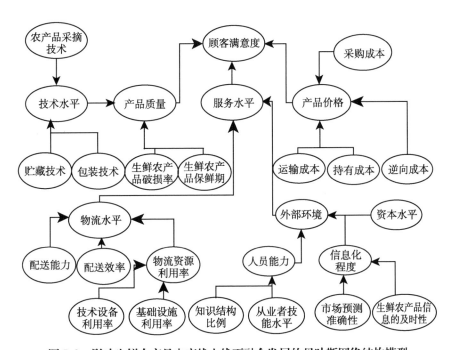

图5.2　影响生鲜农产品电商线上线下融合发展的贝叶斯网络结构模型

随后，根据所构建的贝叶斯网络结构模型以及相关因素统一后的数据，可以得出贝叶斯网络中的关键概率。例如，以"物流资源利用率"这个节点的条件概率分布来加以说明，见表5.3。

表 5.3 物流资源利用率的条件概率分布

条件		三角模糊数		概率	
State0	State1	State0	State1	State0	State1
D_1, D_2	—	(0.10, 0.23, 0.43)	(0.37, 0.57, 0.73)	0.31	0.69
D_1	D_2	(0.17, 0.37, 0.57)	(0.43, 0.63, 0.83)	0.37	0.63
D_2	D_1	(0.23, 0.43, 0.63)	(0.37, 0.57, 0.70)	0.45	0.55
—	D_1、D_2	(0.13, 0.30, 0.50)	(0.63, 0.83, 0.97)	0.27	0.73

通过表 5.3 可以清楚地得到，当父节点 D_1、D_2 状态均为 State1 的条件下，子节点 C_3 在 State0 和 State1 两种状态下的条件概率值。例如，在 D_1、D_2 的状态均为 State0 的条件下，C_3 的状态为 State0 的条件概率值为 31%；在 D_1 的状态为 State1、D_2 的状态为 State0 的条件下，C_3 的状态为 State1 的条件概率值 55%。

根据表 5.3，可以得到物流资源利用率在各状态下的概率值：

$P(C_3 = State0) = P(D_1 = State0) P(D_2 = State0)$

$P(C_3 = State0 \mid D_1 = State0, D_2 = State0)$

$+ P(D_1 = State0) P(D_2 = State1) P(C_3 = State0 \mid D_1 = State0, D_2 = State1)$

$+ P(D_1 = State1) P(D_2 = State0) P(C_3 = State0 \mid D_1 = State1, D_2 = State0)$

$+ P(D_1 = State1) P(D_2 = State1) P(C_3 = State0 \mid D_1 = State1, D_2 = State1)$

$= 0.2 \times 0.37 \times 0.31 + 0.2 \times 0.63 \times 0.37 + 0.8 \times 0.37 \times 0.45 + 0.8 \times 0.63 \times 0.27$

$= 0.339$

$P(C_3 = State1) = 1 - P(C_3 = State0) = 0.661$

通过上述过程以及相关概率的确定，本章可以充分运用数据来实现关键影响因素的分析。

二 贝叶斯网络数据获取

为了真实反映生鲜农产品电商线上线下融合发展的影响因素，帮出更加客观的评价，收集了生鲜农产品流通体系中影响顾客满意度的相关数据，根据专家意见，首先确定贝叶斯网络中根节点的概率值。对于非根节点，通过问卷调查获得条件概率值，利用三角模糊数统计各种影响因素的条件概率值。问卷调查主要以电子邮件的形式进行。根据典型 O2O 生鲜农产品电商企业中果在线的供应链数据,邀请了6位相关专家参与线上线下生鲜农产品供应链失效风险影响因素评价。根据IPCC量表,在每个父节点处于不同节点状态时,客观评价子节点的出现概率值,并对结果进行加权平均,对节点概率值进行修正和调整。

三 贝叶斯网络结果分析

在影响因素分析中,利用贝叶斯网络获取影响因素的概率值,利用贝叶斯网络的正向和反向推理特性,可以找到影响顾客满意度的关键因素,并提出一些更有针对性的合理化建议,以提高顾客满意度,降低线上到线下生鲜农产品流通风险。根据贝叶斯网络中 *State*0 中节点 *A* 的概率,概率越高,顾客满意度水平越低,即线上到线下生鲜农产品供应链失败的可能性越大。

通过对调查问卷数据进行分析整理,并将其录入贝叶斯网络仿真软件 GeNIe 中进行仿真模拟,可以得出各个节点的概率值,其中"*State*0"表示状态较差,"*State*1"表示状态良好,如图 5.3 所示。

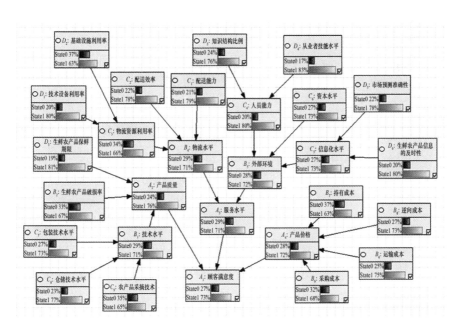

图 5.3　O2O 模式下生鲜农产品流通影响因素模型

利用贝叶斯网络的逆向推理，运用消息传播理论，分析贝叶斯网络的后验概率。

（1）在没有证据输入的情况下

①第一阶段，节点 B_6、B_7、B_8、B_9 在各自的 π 参数在初始化时已设定为先验概率，λ 参数设定为单位向量

当 $B_7 = State0$ 时，$Bel(B_7 = State0) = \alpha\lambda(B_7 = State0)\pi(B_7 = State0) = 0.37\alpha$

当 $B_7 = State1$ 时，$Bel(B_7 = State1) = \alpha\lambda(B_7 = State1)\pi(B_7 = State1) = 0.63\alpha$

$Bel(B_7) = (0.37, 0.63)$

同理，可以计算 $Bel(B_8) = (0.27, 0.73)$，$Bel(B_6) = (0.25, 0.75)$，$Bel(B_9) = (0.32, 0.68)$

输出消息，$\pi_{A_3}(B_7) = (0.37, 0.63)$，$\pi_{A_3}(B_8) = (0.27, 0.73)$，$\pi_{A_3}(B_6) = (0.25, 0.75)$，$\pi_{A_3}(B_9) = (0.32, 0.68)$

②在第二阶段，节点 A_3 从其父节点接收到所有的 π 消息，更新 A_3 的信度 $Bel(A_3)$，即 $\pi(A_3) = \sum_{\{B_6,B_7,B_8,B_9\}} P(A_3 \mid B_6, B_7, B_8, B_9)\pi_{A_3}(B_6)\pi_{A_3}(B_7)\pi_{A_3}(B_8)\pi_{A_3}(B_9)$

当 $A_3 = State0$ 时，$\pi(A_3 = State0) = 0.28\alpha$

当 $A_3 = State1$ 时，$\pi(A_3 = State1) = 0.72\alpha$

归一化，$\pi(A_3) = (0.28, 0.72)$

（2）在有证据输入的情况下，消息传播是在上述无证据输入时的消息传播算法的基础上对网络中的参数进行更新。

假设获得关于节点 A 的证据，且 $A = State1$。在初始化时，令 $\lambda(A) = (0, 1)$

①第一阶段，计算消息 $\lambda_A(A_3)$ 并传递给 A_3，依次更新 $\lambda(A_3)$ 和 $Bel(A_3)$

节点 A 向 A_3 传播的消息为 $\lambda_A(A_3) = \alpha\sum_A \lambda(A)P(A \mid A_3)$

当 $A_3 = State0$ 时，

$$\lambda_A(A_3 = State0) = \alpha\left[\begin{array}{l}\lambda(A = State0)\ P(A = State0 \mid A_3 = State0) \\ +\lambda(A = State1)\ P(A = State1 \mid A_3 = State0)\end{array}\right]$$

$$= 0.1531\alpha$$

当 $A_3 = State1$ 时，

$$\lambda_A\ (A_3 = State1)\ = \alpha \begin{bmatrix} \lambda\ (A = State0)\ P\ (A = State0 \mid A_3 = State1) \\ + \lambda\ (A = State1)\ P\ (A = State1 \mid A_3 = State1) \end{bmatrix}$$

$$= 0.5397\alpha$$

归一化，$\lambda_A\ (A_3)\ =\ (0.2210,\ 0.7790)$

所以，$\lambda\ (A_3)\ =\ (0.2210,\ 0.7790)$

更新 $\lambda\ (A_3)$ 后，可以计算 $Bel\ (A_3)\ = \alpha\lambda\ (A_3)\ \pi\ (A_3)$

当 $A_3 = State0$ 时，

$Bel\ (A_3 = State0)\ = \alpha\lambda\ (A_3 = State0)\ \pi\ (A_3 = State0)\ = 0.221 \times$

$0.28\alpha = 0.0619\alpha$

当 $A_3 = State1$ 时，

$Bel\ (A_3 = State1)\ = \alpha\lambda\ (A_3 = State1)\ \pi\ (A_3 = State1)\ = 0.779 \times$

$0.72\alpha = 0.5609\alpha$

归一化，$Bel\ (A_3)\ =\ (0.0994,\ 0.9006)$

②第二阶段，在更新了 A_3 的信度 $Bel\ (A_3)$ 后，可以计算传向节点 B_6、B_7、B_8、B_9 的 λ 消息：$\lambda_{A_3}\ (B_6)$、$\lambda_{A_3}\ (B_7)$、$\lambda_{A_3}\ (B_8)$、$\lambda_{A_3}\ (B_9)$，并传递给 A_3 的父节点。

$$\lambda_{A_3}\ (B_7)\ = \alpha \sum_{A_3} \lambda\ (A_3) \sum_{\{B_6,B_7,B_8,B_9\} \setminus \{B_7\}} P\ (A_3 \mid B_6、B_7、B_8、B_9)$$

$\pi_{A_3}\ (B_6)\ \pi_{A_3}\ (B_8)\ \pi_{A_3}\ (B_9)$

当 $B_7 = State0$ 时，

$$\lambda_{A_3}\ (B_7 = State0)\ = \alpha \Big[\lambda\ (A_3 = State0) \sum_{\{B_6,B_7,B_8,B_9\} \setminus \{B_7\}}$$

$P\ (A_3 = State0 \mid B_6、B_7 = State0、B_8、B_9)\ \pi_{A_3}\ (B_6)\ \pi_{A_3}\ (B_8)\ \pi_{A_3}\ (B_9)$

$$+ \lambda\ (A_3 = State1) \sum_{\{B_6,B_7,B_8,B_9\} \setminus \{B_7\}} P\ (A_3 = State1 \mid B_6、B_7 = State0、$$

$B_8、B_9)\ \pi_{A_3}\ (B_6)\ \pi_{A_3}\ (B_8)\ \pi_{A_3}\ (B_9) \Big]$

$= \alpha 0.221 \times 0.3074 + 0.779 \times 0.6926$

$= 0.6075\alpha$

当 $B_7 = State1$ 时，

$$\lambda_{A_3}\ (B_7 = State1)\ = \alpha \Big[\lambda\ (A_3 = State0) \sum_{\{B_6,B_7,B_8,B_9\} \setminus \{B_7\}}$$

$$P\ (A_3 = State0 \mid B_6 \text{、} B_7 = State1 \text{、} B_8 \text{、} B_9)\ \pi_{A_3}\ (B_6)\ \pi_{A_3}\ (B_8)\ \pi_{A_3}\ (B_9)$$

$$+\lambda\ (A_3 = State1)\ \sum_{\{B_6\text{、}B_7\text{、}B_8\text{、}B_9\} \backslash \{B_7\}} P\ (A_3 = State1 \mid B_6 \text{、} B_7 = State1 \text{、}$$

$$B_8 \text{、} B_9)\ \pi_{A_3}\ (B_6)\ \pi_{A_3}\ (B_8)\ \pi_{A_3}\ (B_9)$$

$$= \alpha\ (0.221 \times 0.2641 + 0.779 \times 0.7359)$$

$$= 0.6316\alpha$$

归一化，$\lambda_{A_3}\ (B_7)\ =\ (0.4903, 0.5097)$

所以，$\lambda\ (B_7)\ =\ (0.4903, 0.5097)$

更新了 $\lambda\ (B_7)$ 后，可以计算 $Bel\ (B_7)\ = \alpha\lambda\ (B_7)\ \pi\ (B_7)$

当 $B_7 = State0$ 时，

$Bel\ (B_7 = State0)\ = \alpha\lambda\ (B_7 = State0)\ \pi\ (B_7 = State0)\ = 0.4903 \times$
$0.37\alpha = 0.1814\alpha$

当 $B_7 = State1$ 时，

$Bel\ (B_7 = State1)\ = \alpha\lambda\ (B_7 = State1)\ \pi\ (B_7 = State1)\ = 0.5097 \times$
$0.63\alpha = 0.3211\alpha$

归一化，$Bel\ (B_7)\ =\ (0.3610, 0.6390)$

同理，可以计算 $Bel\ (B_8)\ =\ (0.2691, 0.7309)$，$Bel\ (B_6)\ =$
$(0.2487, 0.7513)$，$Bel\ (B_9)\ =\ (0.3192, 0.6808)$

利用 GeNIe 软件进行贝叶斯网络的逆向推理，当 $P\ (A = State1)\ = 1$
时，$P\ (B_7 = State0)\ = 0.37$，$P\ (B_7 = State1)\ = 0.63$，如图 5.4 所示。

通过对比 GeNIe 软件与消息传播算法的计算，在误差允许的范围内，两者的计算结果相同，所以可以利用 GeNIe 软件的逆向推理进行 O2O 模式下生鲜农产品流通风险发生概率的模拟仿真。

（1）以顾客满意度与物流水平两个节点为例，对贝叶斯网络进行敏感性分析，其结果如图 5.5 所示。

根据图 5.5 顾客满意度影响因素的敏感性分析，当产品质量、服务水平、产品价格的概率值分别发生变化时，产品质量、服务水平、产品价格对顾客满意度的影响程度也会发生相应的变化。曲线越陡峭，说明该因子的变化幅度越大，该节点的敏感性越强，是影响最大的因素。敏感度由强到弱依次是服务水平、产品价格和产品质量。

服务水平主要受物流水平和外部环境因素的影响，对物流水平的影

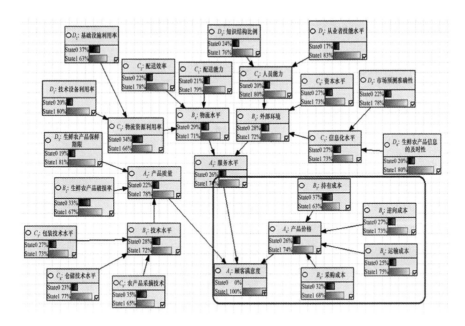

图5.4 贝叶斯网络逆向推理

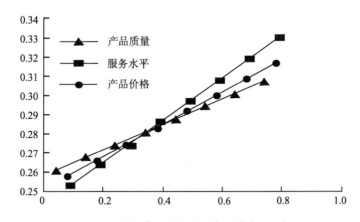

图5.5 顾客满意度影响因素的敏感性分析

响因素进行了进一步的敏感性分析，结果如图5.6所示。物流水平受到物流资源利用率、配送效率和配送能力的制约，其中最敏感的因素是配送能力，其次是物流资源利用率，最后是配送效率。此时大部分生鲜农产品电商企业都是通过自营物流或者物流外包的方式进行配送，因此生鲜农产品电商企业之间的配送效率没有显著差异。生鲜农产品电商企业应从基础设施、技术设备等硬件方面提升核心竞争力。

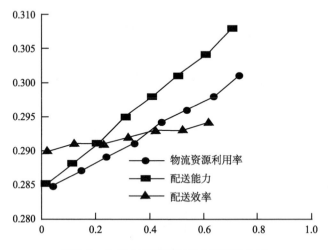

图5.6 物流水平影响因素的敏感性分析

为防范生鲜农产品从线上到线下的流通风险，电商企业应从外部环境、物流水平等方面提升服务水平，加强基础设施和技术设备的配套投入和完善，提高物流资源利用效率，在生产、仓储、运输等环节进行技术升级，提高顾客满意度。

（2）根据贝叶斯网络的逆向推理，当顾客不满意时（P（A = State0） = 1），可认为供应链失效风险发生，服务水平、产品价格与产品质量对顾客不满意的影响程度依次减弱。

根据 GeNIe 软件对贝叶斯网络的模拟仿真推理可知，服务水平对供应链失效风险发生时的影响程度最大，其相应的概率值为37%，其次是产品价格与产品质量。供应链失效风险的最大致因链为"基础设施利用率→物流资源利用率→物流水平→服务水平→顾客满意度"，如图5.7所示。

通过实际评价结果和影响因素的问卷调查可以看出，客户对服务水平的重视程度最高，其次是产品价格和产品质量。生鲜农产品电商的消费群体主要为年轻群体，且生鲜农产品电商的"快""足不出户"等卖点能够匹配年轻群体的生活方式。该群体收入水平相对较高，购买力较强。

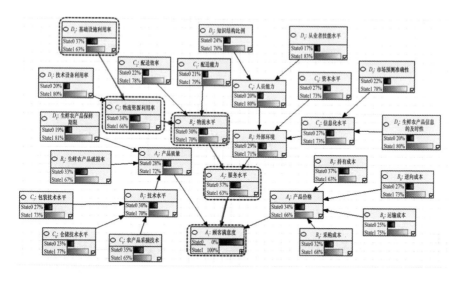

图 5.7　O2O 模式下生鲜农产品流通风险发生后验概率

因此，价格对于年轻群体来说是次要因素。他们更关心的是生鲜农产品电商能否准时高效地交付产品。为防范 O2O 模式下生鲜农产品供应链的失效风险，电商企业应特别注重服务水平的提升，提高配送效率和配送能力，为客户提供优质的服务。

第四节　本章小结

在明确中国生鲜农产品电商的发展现状和分类后，本章主要通过分析影响生鲜农产品电商线上线下融合发展的关键因素来为后续的研究提供基础。在分析过程中，首先采用了贝叶斯网络方法作为理论分析的基础。其次，从产品价格、产品质量以及服务水平三个方面对影响因素进行了全面的分析。最后，利用影响生鲜农产品电商线上线下融合发展的贝叶斯网络结构模型实现对关键路径的分析。本章的研究结果表明，服务水平是影响融合发展的首要关键因素。在生鲜农产品电商线上线下融合发展的背景下，为消费者提供便捷、快速、优质的服务能够更有效地促进生鲜农产品电商与传统物流体系的融合发展。

第 六 章

生鲜农产品电商与传统流通体系
融合发展的成熟度评价

在生鲜农产品电商与传统流通体系的融合过程中，通过引入能力成熟度模型对生鲜农产品流通体系进行分析和评价，可以识别生鲜农产品流通体系的不足之处，为生鲜农产品电商制定改进策略，进一步完善生鲜农产品的流通体系。另外，也可以为政府和相关管理部门评价电商的发展状况提供依据，便于政府和相关管理部门制定生鲜农产品电商行业的标准，保障生鲜农产品的质量安全，减少不必要的损失。对生鲜农产品电商与传统流通体系融合发展的成熟度模型进行研究，对于扩大成熟度模型的应用、丰富成熟度评价理论方法以及生鲜农产品流通体系优化的探索和建立，都具有非常重要的理论价值和实践意义。本章对生鲜农产品电商与传统流通体系融合发展的成熟度进行了研究，明确了成熟度模型在融合发展评价中的适用性，并提出了融合发展成熟度评价关键过程域的选取原则，对融合发展成熟度等级进行了划分，分析了融合发展的关键过程识别与关键过程域提炼，归纳了关键过程域的目标集合，对生鲜农产品电商与传统流通体系融合发展的成熟度进行了评价。

第一节　成熟度模型概述

在管理科学中，人们称自己承担责任的能力和愿望为行为成熟。行为成熟取决于两个因素：工作成熟度和心理成熟度。成熟度模型最早应用于软件开发，是为了改进软件过程的成熟度架构，这种架构类似于管理科学中的组织管理。因此，成熟度模型也被用于组织活动自我评价的项目管理研究。根据不同的成熟度水平，一个组织可以遵循一系列步骤前进到更高的成熟度水平。

一 成熟度模型的界定

最早的成熟度模型是能力成熟度模型（Capability Maturity Model，CMM），它描述了软件组织在定义、实现、度量、控制和改进其软件过程的实践中的每个开发阶段。能力成熟度模型将软件开发视为一个过程。为了使企业更好地实现其目标，它对软件开发和维护过程进行监控和研究，侧重于开发过程的管理和工程能力的改进和评价。它是一种评价软件承包能力、帮助企业提高软件质量的方法。

项目管理成熟度模型是指项目管理过程的成熟度模型，是组织或企业为了提高项目管理水平而进行评价和改进的框架。一个组织或企业的项目管理分为五个层级，一级都是下一级的基础，而一个组织或企业的项目管理成熟度提升的过程，也是其项目管理水平逐渐成熟的过程。项目管理成熟度模型是组织或企业逐步升级的平台，是评价项目过程质量管理的工具。①

项目管理成熟度与 ISO 9000 标准有很多相似之处，但不同之处在于，ISO 9000 标准更适用于制造业，而项目管理成熟度更适用于建筑、IT、服务等项目管理企业，更专业化。在一个企业或组织，运用项目管理成熟度模型，可以建立一系列的标准和规范，并根据所需的关键因素和目标模型中过去的经验、教训和缺陷，实现持续改进和走向卓越。

通常在阐明企业的项目管理水平，甚至采用 ISO 9000 标准后仍达不到预期效果，项目实施成功率不高时，考虑引入项目管理成熟度模型。生鲜农产品电商与传统流通体系的融合发展正符合这种情况。生鲜农产品电商与传统流通体系的融合发展属于 IT 与服务业的融合，不适用 ISO9000 标准。但目前生鲜农产品电商实施 O2O 模式的成功率不高，急需一个模式或参考，因此引入成熟度模型。

---

① 五百井俊宏、李忠富：《项目管理成熟度模型（PMMM）研究与应用》，《工程管理学报》2004 年第 2 期。

二 基础成熟度模型

能力成熟度模型为软件组织提供了一个成熟度框架，将过程改进的演进步骤组织成五个成熟度等级，为持续的过程改进奠定了渐进的基础。第一级相当于起点，除了第一级，每个等级都包含一组关键的过程域目标。当实现一组相应的关键过程域时，就达到了一组关键过程域目标和相应的级别。也就是说，关键流程域指明了达到某个成熟度级别时必须满足的条件。当它达到一个成熟度框架的水平时，意味着软件组织过程的能力有了一定程度的提升。

能力成熟度模型包括 5 个等级，共计 18 个关键过程域，分布在第2—5 级中。第二级有 6 个关键过程域，包括设立项目管理的控制方面的内容：需求管理、项目计划、项目跟踪与监控、子合同管理、质量保证、配置管理。第三级有 7 个关键过程域，主要涉及项目和组织的策略，是对项目中有效计划和管理过程的内部细节，包括：组织过程焦点、组织过程定义、培训程序、集成管理、产品工程、组间协调、同级评审。第四级有 2 个关键过程域，目的是建立一种可以理解的定量方式，包括：定量过程管理、质量管理。第五级有 3 个关键过程域，主要包括组织以及项目中实现持续不断的过程改进的方法，包括：缺陷预防、技术变更管理、过程变更管理。在这 18 个关键过程域中，又细分为 52 个目标，以及 300 多个关键实践。具体的能力成熟度分级内容见表 6.1。

表 6.1　　　　　　　　能力成熟度的分级、特征与要求

等级名称	特征与要求	说明
初始级	过程无序，进度、预算、功能、质量不可预测，企业一般不具备稳定的软件开发环境，通常在遇到问题时，就放弃原定的计划而只专注于编程与测试	原始状态，不需要认证
可重复级	建立了管理软件项目的政策，以及为贯彻执行这些政策而制定的措施；基于以往项目的经验来计划与管理新的项目；达到此级别的企业过程已制度化，有纪律，可重复	—

续表

等级名称	特征与要求	说明
定义级	过程实现标准化；有关软件工程和管理工程特定的、面对整个企业软件开发与维护过程的文件将被制定出来，同时这些过程是集成到一个协调的整体	—
管理级	企业对产品及过程建立起定量的质量目标，同时在过程中加入规定得很清楚的连续的度量；作为企业的度量方案，要对项目的重要过程活动进行生产率和质量的度量；软件产品因此而具有可预期的高质量；达到该级别的企业已实现过程定量化	—
优化级	整个企业将会把重点放在对过程进行不断的优化，采取主动的措施去找出过程的有效性资料，做出对新技术的成本与效益的分析，并提出对过程进行修改的建议；达到该级的公司可自发地不断改进，防止同类缺陷二次出现	—

能力成熟度模型为软件过程能力提供了一个逐步改进的框架。能力成熟度模型提供了基于软件过程改进的框架图，即基于以往项目的经验教训，指出一个软件组织在过程中需要哪些主要任务，这些任务之间的关系，以及工作的先后顺序，引导组织一步步做好这些任务，最后走向成熟。

项目管理成熟度模型的核心方法和层次方法是相似的。项目管理成熟度的核心是通过从混沌到标准化，再到优化的不同层级，发现和识别企业在项目管理中存在的缺陷和薄弱环节，通过解决和改进这些缺陷和薄弱环节，形成项目管理改进策略和方法，从而稳步提高企业的项目管理水平，引导企业不断提升项目管理能力，逐步走向成熟。

目前主要的项目管理成熟度模型有：（1）伯克利项目管理过程成熟度模型，简称（PM）^{2}；（2）美国微构技术公司和项目管理技术公司开发的五级项目管理成熟度模型，简称 MF - PMMM；（3）美国项目管理解决方案公司的五级项目管理成熟度模型，简称 PMS - PMMM；（4）澳大利亚克纳谱和摩尔私人有限公司的四级项目管理成熟度模型，简称 KM - PMMM；（5）美国哈德罗·科兹纳的五层次项目管理成熟度模型，简称

K－PMMM；（6）美国项目管理学会的组织项目管理成熟度模型，简称OPM3 模型。这些主要的项目管理成熟度模型的层级划分见表6.2。

表6.2　　　　　　　主要的项目管理成熟度层级划分

模型	级　别				
	1	2	3	4	5
(PM)²	混乱级	计划级	已管理级	集成级	持续级
MF－PMMM	混乱级	简略级	已组织级	已管理级	适应级
PMS－PMMM	初始过程	结构化的过程和标准	组织化的标准和制度化的过程	已管理的过程	优化的过程
KM－PMMM	摸索级		觉醒级	胜任级	最佳方法
K－PMMM	通用术语	通用过程	单一方法	基准比较	持续过程
OPM3	标准化		可测量	可控制	持续改进

（PM)²采纳 PMI 项目管理知识体系，把项目管理过程分成九个项目管理知识区域和五个项目管理过程。此模型给应用项目管理过程的组织提供了一个参考，采用系统和增量的方法，评价结果能够有效地为组织提出建议。

PMS－PMMM 试图集成能力成熟度模型和美国项目管理协会的项目管理知识体系。此模型最初分为八个层级，后来根据项目管理的九大知识范畴评级，改为五个层级。九个知识领域被划分为特定的部分，对组织成熟度的测定和制定改进计划起到了重要的作用。

MF－PMMM 和 KM－PMMM 属于同一类模型，都是在能力成熟度模型和前人的项目管理成熟度模型的基础上有所改进，从能力由低到高分层级，主要通过成熟度评价表来实现项目管理成熟度测评。[①]

K－PMMM 从企业的项目管理战略规划角度出发，以能力成熟度为基础，划分为五个层级。可以根据每个层级特定的评价方法和评价题目，

---

① 王婧、袁丽等:《浅议将项目管理成熟度模型引入建筑业企业资质评定》,《价值工程》2012 年第 25 期。

来汇总评价该层级的成熟度，据此来判断是否能进入下一层级，并分析不足、制定改进措施。

OPM3 是一个三维模型，第一维是成熟度的四个梯级；第二维是项目管理的九个领域（项目整体管理、项目范围管理、项目时间管理、项目费用管理、项目质量管理、项目人力资源管理、项目沟通管理、项目风险管理、项目采购管理）和五个基本过程（启动过程、计划编制过程、执行过程、控制过程、收尾过程）；第三维是组织项目管理的三个版图层次（单个项目管理、项目组合管理、项目投资组合管理）。[①] OPM3 模型可以通过开发组织的能力，帮助其成功、可靠地按照计划实现其战略，是一个为组织提供测量、比较和改进项目管理能力的方法和工具。

从表 6.2 中可以看出，类似于能力成熟度模型，项目管理成熟度模型的第一级也是一个起点，每一级都是下一级的基础。只有改进和解决这一层级的缺陷和问题，才能逐步迈向下一个层级。这个过程是一个组织或企业的项目管理能力不断提升的过程，也是一个组织或企业的项目管理从不成熟到成熟的过程。[②]

生鲜农产品电商与传统流通体系的融合发展尚处于初级阶段，而成熟度模型从混沌到规范，再到不断完善的特点，符合生鲜农产品电商与传统流通体系融合发展的要求。成熟度模型可以为集成开发提供不同的层次和目标，不断发现和纠正缺陷，从而实现目标，并一步步引导组织走向成熟。

第二节　成熟度模型在融合发展评价中的适用性

一　核心思想的引导

能力成熟度模型提出了一个进化的、动态的规模标准，推动软件开发管理从不成熟走向成熟完善。它在软件开发领域取得了成功，并被推广到其他领域。项目管理成熟度模型也秉承能力成熟度模型的基本原则

---

① 符志民：《企业风险管理成熟度评价（上）》，《中国航天》2009 年第 4 期。

② 田军：《政府应急管理能力成熟度评估研究》，《管理科学学报》2014 年第 11 期。

和框架，推动组织或企业的项目管理能力从不成熟到成熟，极大地促进了组织或企业在项目管理方面的发展。

在后续的研究中，学者们发现成熟度模型可以从事物的现状识别和评价事物的过程管理水平，其不断寻找缺陷和薄弱环节加以改进和完善的思维方法，可广泛应用于其他非结构化项目或系统的研究。因此，成熟度模型在人力资源管理、知识管理、物流管理等领域得到了推广和成功应用。

成熟度模型的核心思想是通过评价发现和改进薄弱环节，使组织从不成熟逐步走向成熟。生鲜农产品电商与传统流通体系的整合与发展从混沌到有序，从被动选择到主动控制，从分散到集中，从在线到综合协调，从试行决策到精确调度，也是一个通过不断改进从不成熟到成熟的过程。因此，成熟度模型可用于评价生鲜农产品电商与传统流通体系的整合与发展。

二　为生鲜农产品 O2O 企业提供参考

从 2006 年开始，电商开始涉足农产品行业。随着经济的蓬勃发展和科技的进步，2012 年以来，中国把农产品流通作为社会经济发展的重点工作，多次出台政策引导农产品流通，扶持农产品电商产业。各级政府响应国家号召，大力支持农产品电商。各级政府的农产品流通渠道和组织体系发展迅速，各种以农产品为市场的公司和网站也纷纷崛起。

引入成熟度模型对生鲜农产品电商与传统流通体系的融合发展进行分析和评价，一方面可以不断发现和识别流通体系的不足和薄弱环节，为生鲜农产品电商制定有针对性的策略，完善流通体系，提供具体的方向性指导；另一方面，也可以为政府及相关行政部门评价电商发展现状提供依据，便于政府及相关行政部门制定生鲜农产品电商行业标准，保障农产品质量安全，减少不必要的损失。

研究生鲜农产品电商与传统流通体系融合发展的成熟度模型，对于拓展成熟度模型的应用范围具有重要的理论价值和现实意义，也丰富和深化了成熟度评价理论和方法的研究，有助于推动生鲜农产品流通体系的发展。

第三节　融合发展成熟度评价关键过程域的选取原则

建立生鲜农产品电商与传统流通体系融合发展的成熟度评价体系是本研究的基础。只有筛选出能够准确反映其成熟度的关键因素，设计合理的成熟度评价体系，才能准确衡量其开发成熟度。为了使最终的成熟度评价体系全面反映生鲜农产品电商与传统流通体系融合发展的各个方面，有必要确立相应过程成熟度模型分类原则和确定关键过程域，以确保评价结果的可靠性和客观性。因此，在构建生鲜农产品电商与传统流通体系融合发展的成熟度评价体系时，应遵循以下原则。

（一）科学性原则

建立生鲜农产品电商与传统流通体系融合发展的成熟度评价体系，必须结合 O2O 的基本特征，以科学性为前提。关键因素应客观真实地反映不同成熟度水平的特征，且评价结果能够科学合理地反映成熟度水平。

（二）系统的原则

成熟度评价体系的系统性要求所决定的关键因素，可以从不同角度和层次衡量生鲜农产品电商与传统流通体系融合发展的成熟度水平，即需要避免某些重要因素的遗漏，同时要求同一因素不能重复评价，兼顾各因素之间的相关性和互补性，从而系统、全面地评价生鲜农产品电商与传统流通体系融合发展的成熟度水平。

（三）层次性原则

生鲜农产品电商与传统流通体系融合发展的成熟度评价体系是一个多因素、多目标、多层次的复杂系统，根据改进过程的层次和顺序，将影响成熟度评价的关键因素细分为多个层次，构建清晰直观的递进层次结构体系。

（四）可获得性原则

生鲜农业电商与传统流通体系融合发展成熟度评价体系的最终目标是对其进行分析并获得相应的评价结果，因此影响因素的基础数据应具有可测量性和可获得性，以增加评价的真实性和准确性。

第四节 融合发展成熟度的等级划分

借鉴能力成熟度模型和项目管理成熟度模型，结合生鲜农产品电商与传统流通体系融合发展的本质，本书将生鲜农产品电商与传统流通体系融合发展的成熟度分为五个等级：初始级、可重复级、定义级、已管理级和持续改进级。通过调研，从O2O模式流程的标准化、整个团队和线上线下服务人员的管理、各个环节的服务管理、生鲜农产品物流的时效性、信息收集发布的及时性和有效性等方面较好地描述了各个层面的特点。典型特征提取和总结见表6.3。

表6.3 生鲜农产品电商与传统流通体系融合发展成熟度等级特征分类

等级	基本特征	流程管理	团队管理	服务管理	物流管理	信息管理
初始级	①O2O经营以及管理过程无序甚至混乱	①缺少基本流程 ②运作、经营和管理处于无章法、无步骤可循的状态 ③决策过程往往依赖于个人的见解和机会	①O2O模式经营的效果取决于员工的个人素质 ②团队成员的责任和任务不明确	①线上和线下员工的服务态度散漫 ②服务范围不明确	①生鲜农产品的供应处于散乱状态 ②物流运输速度慢、时效性差	①信息杂乱无序 ②生鲜农产品的供应信息和需求信息采集、发布不到位、不及时、不准确
可重复级	①已经建立了基本的经营管理过程 ②规范性和完整性不足	①运作经营和管理有章可循并且能够重复以往取得的成功 ②决策和经营管理过程得到了有效监管	①经营效果依赖于员工对过程的理解和掌握 ②任务分配和管理有一定的规律	①线上和线下员工的服务质量有了基本的规范和参考 ②服务范围基本明确	①一定范围内能够掌握生鲜农产的供应途径 ②物流运输链基本形成	①信息的采集和发布平稳有序 ②形成了较完整的信息流

等级	基本特征	流程管理	团队管理	服务管理	物流管理	信息管理
定义级	①经营管理过程初步规范化	①经营运作和管理过程已经标准化 ②企业的制度体系健全 ③经营管理过程有完整规范的记录	①员工的任务有了明确的规定 ②员工接受了相应的培训	①员工的服务质量有了明确的标准 ②线上线下服务范围分工明确	①能够固定一条或几条生鲜农产供应链 ②物流运输更加规范化、标准化	①信息的收集与发布更加规范化 ②信息的记录更加完整、准确
已管理级	①经营管理有了一定的规律 ②有了标准化流程	①运作经营和管理过程有详细的度量标准 ②企业已经形成了相对稳定的经营模式	①员工之间的协同能力增强 ②线上线下员工沟通良好且绩效增强	①员工的服务过程可控且可监管 ②企业对员工的服务工作有了明确的评价	①能够掌握需求范围内的生鲜农产品供应 ②形成了固定且迅速的物流运输链	①能够良好地监督与控制信息的收集和传递过程 ②能够及时对信息进行查缺补漏
持续改进级	①能够从优化角度处理问题 ②能够持续地改进经营管理过程	①能够分析、采纳经营管理过程和技术中的新概念 ②持续有效地改进运作经营中存在的种种问题和隐患并防患于未然	①所有员工的团队意识强烈 ②所有员工都能参与经营管理过程的改进	①员工主动对服务过程中存在和潜在的问题进行改进	①不断扩大生鲜农产品的供应渠道 ②物流运输的时效性持续提高	①能够及时掌握最新的动态信息 ②能够及时补充和调整所得到的信息

第五节　融合发展的关键过程识别与
关键过程域提炼

将成熟度模型应用于生鲜农产品电商与传统流通体系融合发展的评价，需要构建基于O2O发展过程的评价指标体系。在书关键过程、区分关键过程域发展特征的基础上，根据各级关键过程域的目标要求，构建相应的评价指标体系。本研究旨在借助专家对各级关键工艺领域的主观评价和打分，尽快获得相应的评价结果，从而建立快速有效的评价方法。因此，本书倾向于选择关键有效的评价指标，建立最简单明了的指标体系。在关键过程域的细化中，本书选择了最具代表性的发展指标，并使其尽可能简洁。

项目管理有五个核心环节，即启动过程、计划过程、实施过程、控制过程和初级过程。借鉴OMP3的思路，可以按照项目管理的五个核心环节，梳理生鲜农产品电商与传统流通体系融合发展的关键流程。本书结合O2O生鲜农产品的特点，将O2O模式开发的管理过程分为六个关键子过程，分别是准备过程、启动过程、执行过程、控制过程、收尾过程和综合管理过程（见表6.4）。需要注意的是，生鲜农产品电商与传统流通体系的融合发展，线上线下结合性强，具有跨部门、跨组织的特点，因此需要各部门、各组织强大的综合协调和综合管理能力。

表6.4　　生鲜农产品电商与传统流通体系融合发展的关键子过程

关键子过程	主要内容
准备过程	发展生鲜农产品O2O，增加生鲜农产品电商的经营模式
启动过程	设计生鲜农产品线上经营网站，联系线下生鲜农产品供应商
执行过程	生鲜农产品O2O发展所需执行的各项工作，包括网站建立、线上线下宣传、人员招聘、供应链的选择等各方面的组织和协调
控制过程	监管O2O发展的各个过程，必要时采取纠正措施，保证O2O各个层级目标的实现
收尾过程	对O2O发展经营的效果进行长期评价和反馈并进行总结，为以后的企业发展O2O提供经验和参考
综合管理过程	企业CEO对O2O的发展进行规划与执行指导，综合协调各部门之间的关系

对于这六个关键子流程，根据五个成熟度等级的评价维度特征进一步分解，建立基于五个成熟度等级的关键流程域。在此基础上，细化了针对各关键过程域不同过程目标的评价指标。该流程的方法是：根据

O2O 开发运营的实际需求，基于构建关键因素的原则，初步提出关键过程域的基本评价指标集。然后，在进一步咨询生鲜农产品电商管理领域专家后，提出基础关键过程域指标集中重要性较低的关键过程域，最终得到五个不同成熟度等级的 19 个关键过程域的评价指标体系（见表6.5）。

表6.5　　　　　　　**成熟度模型不同等级的关键过程域**

初始级	可重复级	定义级	已管理级	持续改进级
—	网站与团队建设	生鲜农产品质量标准制定	经营模式的控制	经营模式的综合管理
—	组织的宣传	组织员工培训	服务的监管	缺陷预防与改进
—	供应链的选择	组织间的协调	供应链的控制	环节变更管理
—	物流的选择	总结与评价	质量的保证	—
—	资金管理	售后动态跟踪与研究	—	—
—	技术管理	—	—	—
—	信息的识别与发布	—	—	—

第六节　融合发展的关键过程域目标

关键过程域是集成开发成熟度模型的重要组成部分，它指出了该成熟度级别而需要解决的具体问题，这些具体问题是每个关键过程域中的一个或多个目标。这些目标描述了在关键过程域的有效实现中扮演主要角色的基础结构和一系列相关的从属活动。

生鲜农产品电商与传统流通体系融合发展成熟度模型中的每个关键过程域都有一个目标，指明了关键过程域的主要内容和应该达到的效果。而定义和规定这些目标可以为判断组织是否准确有效地实施了关键过程域提供标准。各关键过程域的目标见表6.6、表6.7、表6.8、表6.9。

表 6.6   可重复级关键过程域的目标

关键过程域	目标
A1 网站与团队建设	建立专门的生鲜农产品购物网站，配备专业的服务人员，组织内的部门划分清楚，人员职责分明
A2 组织的宣传	通过媒体广告、软件推广等方式做好生鲜农产品的网站宣传
A3 供应链的选择	提前选择好可长期、稳定地供应生鲜农产品的商家或者农户
A4 物流的选择	自建物流渠道或选择第三方物流，要求准确性和时效性，并能保证生鲜农产品的质量
A5 资金管理	技术、宣传、成本、物流等各项资金分别进行专门管理，按需投入使用
A6 技术管理	O2O 技术不断开发和应用
A7 信息的识别与发布	准确掌握供应者的供应信息和消费者的购买信息，并通过组织内的渠道发布给相关工作人员

表 6.7   定义级关键过程域的目标

关键过程域	目标
B1 生鲜农产品质量标准制定	制定科学合理的生鲜农产品质量标准，为消费者提供参考依据
B2 组织员工培训	组织企业的服务人员、技术人员和管理人员定期进行培训，普及 O2O 的相关知识和要求，并进行考核
B3 组织间的协调	线上和线下各部门实现资源和信息的共享，增强团队意识
B4 总结与评价	每一段固定时期对经营状况进行总结，对员工以及组织进行评价，奖惩分明，追究责任
B5 售后动态跟踪与研究	对消费者进行售后追踪观察，反馈优缺点，制定修改计划

表 6.8   已管理级关键过程域的目标

关键过程域	目标
C1 经营模式的控制	在对经营状况进行总结与评价的基础上，根据实际情况采取有效措施，使整个经营过程处于可控状态
C2 服务的监管	对每一个服务人员都进行监管和追踪，保证每一个员工的服务质量

关键过程域	目标
C3 供应链的控制	采取一定方法对现有的供应链进行垄断和控制，保证任何季节、任何情况下的生鲜农产品供应链
C4 质量的保证	按照标准对所有的生鲜农产品进行检测，并保证物流运输过程中不出现损耗

表 6.9 **持续改进级关键过程域的目标**

关键过程域	目标
D1 经营模式的综合管理	对 O2O 的经营过程进行战略规划，并保证各环节衔接良好
D2 缺陷预防与改进	对 O2O 模式和经营过程进行缺陷和漏洞的查找工作，并及时进行修改
D3 环节变更管理	根据战略规划的调整，对设定好的 O2O 经营管理过程进行不断调整、改进和完善

第七节　融合发展的成熟度评价

一　评价程序和步骤

在第六节中，确定了生鲜农产品电商与传统流通体系融合发展成熟度模型的关键过程域及其目标。为了验证成熟度模型，选取某超市 O2O 运营状况进行评价。首先要完成问卷，成立专家组，根据某超市 O2O 的运营数据和用户体验，对成熟度模型关键过程域的目标实现程度进行了评价。其次整理数据，制作 KPA 剖面图，利用物元分析对某超市 O2O 的成熟度水平进行分析，进而找出缺陷和薄弱环节，确定改进方法和顺序。

具体的评价程序和步骤如下：

（1）做好调查问卷，建立评价小组。问卷的基础来自关键过程域及其成熟度模型的目标。问卷从用户体验出发，涉及 19 个关键过程域的目标，综合考虑消费者和专家对某超市的综合体验和评价。为保证评价的客观性和准确性，邀请高校和研究机构的专家学者、从事生鲜农产品电商的管理人员和服务人员组成评价小组（人员设计比例结构为 50%、30% 和 20%）。在这种情况下，选择 20 人组成评价小组（5∶3∶2），并选择在线问卷进行评价。

（2）收集、整理评价资料。首先，收集问卷，整理答案的类别，分类总结。其次，收集超市O2O运营数据，如资金链、供应链、物流速度、生鲜农产品质量标准、员工服务等，并对其进行分类汇总。

（3）专家组评价。将收集到的某超市问卷结果和O2O业务数据提交给专家进行详细审核，其间可以随时交流。然后采用专家打分法收集结果。评分表中有三种选项：不符合、部分符合和完全符合。对于每个关键过程域的目标，专家从这三个选项中进行选择，要求客观公正。

（4）评价O2O发展成熟度。打分表收回后，对每个关键过程域的情况进行统计，并绘制KPA评价剖面图（如图6.1所示）。

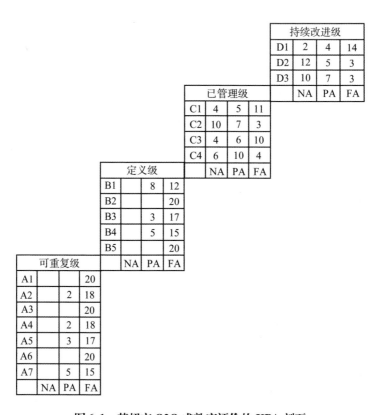

图6.1 某超市O2O成熟度评价的KPA剖面

（注：NA为不符合；PA为部分符合；FA为完全符合）

（5）提出缺陷并改进。根据 KPA 剖面图和物元分析的评价结果，可以发现企业的薄弱环节和未实现的目标，并以此目标作为企业下一阶段的发展目标和工作内容，进行持续改进。

二　评价方法和结果

物元分析法是某些情况下处理不相容问题的一种分析方法。选用物元分析法和熵值法处理数据，一定程度上避免了主观因素的干扰，能够更加清晰地评价企业 O2O 的成熟度等级，比 KPA 剖面图具有更大的应用价值。

1. 应用物元分析法确定成熟度层级

（1）物元及其矩阵分类

物元即由所描述的事物 M、特征 C 以及各特征的量值 X 组成的一个三元组，记为 $R = (M, C, X)$。各特征 C 及其对应的量值 X，构成了物元的各维空间。

如果一个事物 M 有 n 个特征 C_1，C_2，$\cdots$，C_n，其对应的量值为 X_1，X_2，$\cdots$，X_n，则称它为 n 维物元，并用矩阵表示为：

$$R = \begin{bmatrix} M & C_1 & X_1 \\ & C_2 & X_2 \\ & \vdots & \\ & C_n & X_n \end{bmatrix}$$

物元矩阵按照各特征值的一般量值范围和最高允许量值范围，可以分为经典域物元矩阵和节域物元矩阵。

将标准事物记为 M_j，经典域物元矩阵记为 R_j，则经典域表示为 M_j 的特征 C_i 的量值范围：$X_{ji} = <a_{ji}, b_{ji}>$，用矩阵表示为：

$$R_j = (M_j, C_i, X_{ji}) = \begin{bmatrix} M_j & C_1 & X_{j1} \\ & C_2 & X_{j2} \\ & \vdots & \vdots \\ & C_n & X_{jn} \end{bmatrix} = \begin{bmatrix} M_j & C_1 & <a_{j1}, b_{j1}> \\ & C_2 & <a_{j2}, b_{j2}> \\ & \vdots & \vdots & \vdots \\ & C_n & <a_{jn}, b_{jn}> \end{bmatrix}$$

$$(6.1)$$

将待评物元的特征量值的全体记为 P，节域物元矩阵记为 R_p，则 P

关于 C_i 所取的量值范围 $X_{pi} = <a_{pi}, b_{pi}>$ 被称为节域，用矩阵表示为：

$$R_p = (P, C_i, X_{pi}) = \begin{bmatrix} P & C_1 & X_{p1} \\ & C_2 & X_{p2} \\ & \vdots & \vdots \\ & C_n & X_{pn} \end{bmatrix} = \begin{bmatrix} M_j & C_1 & <a_{p1} & ,b_{p1}> \\ & C_2 & <a_{p2} & ,b_{p2}> \\ & \vdots & \vdots & \vdots \\ & C_n & <a_{pn} & ,b_{pn}> \end{bmatrix}$$

$$(6.2)$$

（2）关联函数

在物元评价中，关联函数表示物元的量值为实轴上一点时，物元符合要求的取值范围的程度。

有界区间 $X_{ji} = <a_{ji}, b_{ji}>$ 的模 d 定义为：

$$d = |X_{ji}| = |b_{ji} - a_{ji}| \quad (6.3)$$

某点 X_i 到区间 $X_{ji} = <a_{ji}, b_{ji}>$ 的距离定义为：

$$p(X_i, X_{ji}) = |X_i - \frac{1}{2}(a_{ij} + b_{ij})| - \frac{1}{2}(b_{ji} - a_{ji}) \quad (6.4)$$

则各特征指标属于各评价等级的关联度为：

$$K_j(X_i) = \begin{cases} -\dfrac{p(X_i, X_{ji})}{d} & X_i \in X_{ji} \\[2ex] \dfrac{p(X_i, X_{ji})}{p(X_i, X_{pi}) - p(X_i, X_{ji})} & X_i \notin X_{ji} \end{cases} \quad (6.5)$$

其中，$K_i(X_i)$ 表示第 i 项特征指标属于第 j 级的关联度。

根据式（6.5）计算得到的各特征指标的关联度，将各特征指标的关联度与特征指标对应的权重相乘即可得到各特征指标的关联度。得到各评价等级中待评价物元的综合关联度：

$$K_j(M_0) = \sum_{i=1}^{n} w_i \cdot K_j(X_i) \quad (6.6)$$

式（6.6）中，$K_j(M_0)$ 表示待评物元 M_0 关于 j 等级的 n 个特征指标的综合关联度，w_i 表示第 i 项特征指标的权重。若 $\max K_j(M_0) = K_{j0}$，则表示待评物元 M_0 属于等级 j。

（3）评价标准

$K_j(M_0)$ 数值的大小表示被评价的生鲜农产品 O2O 企业与成熟度模型某个等级标准的符合程度，其值越大，表明符合程度越高。因此，可

以根据 K_j（M_0）的不同取值范围作为生鲜农产品 O2O 企业成熟度的评价标准。

①当 K_j（M_0）< -1 时，表示被评价的生鲜农产品 O2O 企业不符合成熟度模型某个等级标准的要求，K_j（M_0）越小，距离该等级标准越远，也意味着越难转化为符合该层级的标准。

②当 $-1 \leqslant K_j$（M_0）< 0 时，表示被评价的生鲜农产品 O2O 企业不符合成熟度模型某个等级标准的要求，但具有能转化为符合该等级标准的条件。

③当 $0 \leqslant K_j$（M_0）< 1 时，表示被评价的生鲜农产品 O2O 企业符合成熟度模型某个等级标准的要求，K_j（M_0）越大，也意味着被评价的生鲜农产品 O2O 企业在该等级标准上越好。

④当 K_j（M_0）$\geqslant 1$ 时，表示被评价的生鲜农产品 O2O 企业超过了成熟度模型某个等级标准的要求上限，数值越大，表示所达到的程度越高。

2. 应用熵值法确定指标权重

熵值法是根据各项特征指标值的变异程度来确定指标权重的一种客观赋权的方法，能够避免人为主观因素带来的偏差。因此，选用熵值法来确定各特征指标的权重。

（1）数据的标准化处理。

在熵值法中，X_{ji} 表示第 j 个等级第 i 个指标的数值。假设给定了 k 个指标 X_1，X_2，$\cdots$，X_k，其中 $X_i = \{X_1, X_2, \cdots, X_n\}$，假设各指标数据标准化后的值为 X'_1，X'_2，$\cdots$，X'_k，则：

$$\text{正向指标} \quad X'_{ji} = \frac{x_{ji} - \min\{X_i\}}{\max\{X_i\} - \min\{X_i\}} \tag{6.7}$$

$$\text{负向指标} \quad X'_{ji} = \frac{\max\{X_i\} - X_{ji}}{\max\{X_i\} - \min\{X_i\}} \tag{6.8}$$

（2）计算第 j 个等级第 i 项指标值的比重：

$$Y_{ji} = \frac{X'_{ji}}{\sum\limits_{i=1}^{n} X'_{ji}}, (j = 1, 2, \cdots, m; i = 1, 2, \cdots, n) \tag{6.9}$$

（3）计算第 i 项指标的信息熵：

$$E_i = \sum\limits_{j=1}^{m} Y_{ji} \ln(Y_{ji}) - k \tag{6.10}$$

其中，$k > 0$，$k = \dfrac{1}{\ln(n)}$，$E_i \geqslant 0$

（4）计算第 i 项指标的差异系数：

$$g_i = 1 - E_i \tag{6.11}$$

对于第 i 项指标，指标值 X_{ji} 的差异越大，对评价的作用就越大，熵值就越小。

（5）确定各指标权重：

$$W = \frac{g_i}{\sum\limits_{i=1}^{n} g_i} \tag{6.12}$$

根据以上步骤和图 6.1 的数据，经过标准化处理后，所得的特征指标取值的标准化值见表 6.10。

表 6.10　　　　　　　　　　特征指标取值的标准化值

等级	可重复级							定义级				
指标	A1	A2	A3	A4	A5	A6	A7	B1	B2	B3	B4	B5
NA	0	0	0	0	0	0	0	0	0	0	0	0
PA	0	0.11	0	0.11	0.18	0	0.33	0.67	0	0.18	0.33	0
FA	1	1	1	1	1	1	1	1	1	1	1	1

等级	已管理级				持续改进级		
指标	C1	C2	C3	C4	D1	D2	D3
NA	0	1	0	0.33	0	1	1
PA	0.71	0.57	0.33	1	0.17	0.22	0.57
FA	1	0	1	0	1	0	0

根据式（6.9）计算 4 个等级共 19 个指标值的比重，所得到的特征指标值的比重见表 6.11。

表 6.11　　　　　　　　　　　特征指标值的比重

等级	可重复级							定义级				
指标	A1	A2	A3	A4	A5	A6	A7	B1	B2	B3	B4	B5
NA	0	0	0	0	0	0	0	0	0	0	0	0
PA	0	0.1	0	0.1	0.15	0	0.25	0.4	0	0.15	0.25	0
FA	1	0.9	1	0.9	0.85	1	0.75	0.6	1	0.85	0.75	1

等级	已管理级				持续改进级		
指标	C1	C2	C3	C4	D1	D2	D3
NA	0	0.64	0	0.25	0	0.82	0.64
PA	0.42	0.36	0.25	0.75	0.15	0.18	0.36
FA	0.58	0	0.75	0	0.85	0	0

根据式（6.10）计算 4 个等级共 19 个指标的信息熵，所得到的特征指标的信息熵见表 6.12。

表 6.12　　　　　　　　　　　特征指标的信息熵

等级	可重复级							定义级				
指标	A1	A2	A3	A4	A5	A6	A7	B1	B2	B3	B4	B5
信息熵	0	0.3	0	0.3	0.38	0	0.51	0.61	0	0.38	0.51	0

等级	已管理级				持续改进级		
指标	C1	C2	C3	C4	D1	D2	D3
信息熵	0.62	0.59	0.51	0.51	0.38	0.43	0.59

根据式（6.11）计算 4 个等级共 19 个指标的差异系数，所得到的特征指标的差异系数见表 6.13。

表6.13   特征指标的差异系数

等级	可重复级							定义级				
指标	A1	A2	A3	A4	A5	A6	A7	B1	B2	B3	B4	B5
差异系数	1	0.7	1	0.7	0.62	1	0.49	0.39	1	0.62	0.49	1

等级	已管理级				持续改进级		
指标	C1	C2	C3	C4	D1	D2	D3
差异系数	0.38	0.41	0.49	0.49	0.62	0.57	0.41

根据式（6.12）计算4个等级共19个指标的权重，所得到的特征指标的权重见表6.14。

表6.14   特征指标的权重

等级	可重复级							定义级				
指标	A1	A2	A3	A4	A5	A6	A7	B1	B2	B3	B4	B5
权重	0.08	0.06	0.08	0.06	0.05	0.08	0.04	0.03	0.08	0.05	0.04	0.08

等级	已管理级				持续改进级		
指标	C1	C2	C3	C4	D1	D2	D3
权重	0.03	0.03	0.04	0.04	0.05	0.05	0.03

根据图6.1，将NA记为0分，将PA记为1分，将FA记为2分，乘以相应的数值后相加，所得到的数据就是该特征指标的取值，即 X_i。所得的19个特征指标的取值见表6.15。

表6.15   特征指标的取值

关键过程域对应特征指标	A1	A2	A3	A4	A5	A6	A7	B1	B2	B3	B4	B5
指标取值	40	38	40	38	37	40	35	32	40	37	35	40

关键过程域对应特征指标	C1	C2	C3	C4	D1	D2	D3
指标取值	27	13	26	18	32	11	13

据此可得待评物元矩阵 R 为：

$$R = \begin{bmatrix} P & Q_{A1} & X_{A1} \\ & Q_{A2} & X_{A2} \\ & \vdots & \vdots \\ & Q_{D3} & X_{D3} \end{bmatrix} = \begin{bmatrix} P & Q_{A1} & 20 \\ & Q_{A2} & 18 \\ & \vdots & \vdots \\ & Q_{D3} & -7 \end{bmatrix}$$

以 Q_i（$i = A1$，$A2$，$A3$，…，$D3$）分别代表 19 个关键过程域，而 $X_{pi} = \langle a_{pi}, b_{pi} \rangle$ 表示某超市 P 关于评价项目 Q_i 的相应范围，即节域。取 Q_i 的下限 $a_{pi} = 0$；取 Q_i 的上限 $b_{pi} = 40$。根据五个成熟度等级分级测评，可得到四个节域物元矩阵：

$$R_1 = \begin{bmatrix} P & A1 & \langle a_{pA1}, b_{pA1} \rangle \\ & A2 & \langle a_{pA2}, b_{pA2} \rangle \\ & \vdots & \vdots \\ & A7 & \langle a_{pA7}, b_{pA7} \rangle \end{bmatrix} = \begin{bmatrix} P & A_1 & \langle 0,40 \rangle \\ & A_2 & \langle 0,40 \rangle \\ & \vdots & \vdots \\ & A_7 & \langle 0,40 \rangle \end{bmatrix}$$

$$R_2 = \begin{bmatrix} P & B1 & \langle a_{pB1}, b_{pB1} \rangle \\ & B2 & \langle a_{pB2}, b_{pB2} \rangle \\ & \vdots & \vdots \\ & B5 & \langle a_{pB5}, b_{pB5} \rangle \end{bmatrix} = \begin{bmatrix} P & B_1 & \langle 0,40 \rangle \\ & B_2 & \langle 0,40 \rangle \\ & \vdots & \vdots \\ & B_5 & \langle 0,40 \rangle \end{bmatrix}$$

$$R_3 = \begin{bmatrix} P & C1 & \langle a_{pC1}, b_{pC1} \rangle \\ & C2 & \langle a_{pC2}, b_{pC2} \rangle \\ & \vdots & \vdots \\ & C4 & \langle a_{pC4}, b_{pC4} \rangle \end{bmatrix} = \begin{bmatrix} P & C_1 & \langle 0,40 \rangle \\ & C_2 & \langle 0,40 \rangle \\ & \vdots & \vdots \\ & C4 & \langle 0,40 \rangle \end{bmatrix}$$

$$R_4 = \begin{bmatrix} P & D1 & \langle a_{PD1}, b_{PD1} \rangle \\ & D2 & \langle a_{PD2}, b_{PD2} \rangle \\ & D3 & \langle a_{PD3}, b_{PD3} \rangle \end{bmatrix} = \begin{bmatrix} P & D1 & \langle 0,40 \rangle \\ & D2 & \langle 0,40 \rangle \\ & D3 & \langle 0,40 \rangle \end{bmatrix}$$

以 Q_i（$i = A1$，$A2$，$A3$，…，$D3$）分别代表 19 个关键过程域，而 $X_{ji} = \langle a_{ji}, b_{ji} \rangle$ 表示某超市 P 关于评价项目 Q_i 的取值范围，即经典域。若该特征指标符合该一层级的标准，则 Q_i 的下限 $a_{ji} = 24$，Q_i 的上限 $b_{ji} = 40$。根据五个成熟度层级分级测评，可得到四个经典域物元矩阵：

$$R_1 = \begin{bmatrix} P & A1 & <a_{jA1} & , b_{jA1}> \\ & A2 & <a_{jA2} & , b_{jA2}> \\ & \vdots & \vdots & \vdots \\ & A7 & <a_{jA7} & , b_{jA7}> \end{bmatrix} = \begin{bmatrix} P & A_1 & <24,40> \\ & A_2 & <24,40> \\ & \vdots & \vdots \\ & A_7 & <24,40> \end{bmatrix}$$

$$R_2 = \begin{bmatrix} P & B1 & <a_{jB1} & , b_{jB1}> \\ & B2 & <a_{jB2} & , b_{jB2}> \\ & \vdots & \vdots & \vdots \\ & B5 & <a_{jB5} & , b_{jB5}> \end{bmatrix} = \begin{bmatrix} P & B_1 & <24,40> \\ & B_2 & <24,40> \\ & \vdots & \vdots \\ & B_5 & <24,40> \end{bmatrix}$$

$$R_3 = \begin{bmatrix} P & C1 & <a_{jC1} & , b_{jC1}> \\ & C2 & <a_{jC2} & , b_{jC2}> \\ & \vdots & \vdots & \cdots \\ & C4 & <a_{jC4} & , b_{jC4}> \end{bmatrix} = \begin{bmatrix} P & C_1 & <24,40> \\ & C_2 & <24,40> \\ & \vdots & \vdots \\ & C4 & <24,40> \end{bmatrix}$$

$$R_4 = \begin{bmatrix} P & D1 & <a_{jD1}, b_{jD1}> \\ & D2 & <a_{jD2}, b_{jD2}> \\ & D3 & <a_{jD3}, b_{jD3}> \end{bmatrix} = \begin{bmatrix} P & D1 & <24,40> \\ & D2 & <24,40> \\ & D3 & <24,40> \end{bmatrix}$$

根据前文确定的各特征指标的权重，用关联函数分别计算 19 个关键过程域的关系函数 $k(j, i)$（$j = 1$，2，3，4；$i = 1$，2，3，……19）。根据式（6.6）计算出每个等级的综合关联度 k_j。

以可重复级为例，根据式（6.3）和经典矩阵 R_1，可求得有界区间 $X_{ji} = <a_{ji}, b_{ji}>$ 的模 d 为：

$$d = |X_{ji}| = |b_{ji} - a_{ji}| = 40 - 24 = 16,$$

根据式（6.4），可求得可重复级的 7 个特征指标 $X_{A1} - X_{A7}$ 到区间 $X_{ji} = <a_{ji}, b_{ji}>$ 的距离 $p(X_{A1}, X_{ji}) - p(X_{A7}, X_{ji})$，见表 6.16。

表 6.16　　　　　　　可重复级的特征指标到经典域区间的距离

特征指标	$p(X_{A1}, X_{ji})$	$p(X_{A2}, X_{ji})$	$p(X_{A3}, X_{ji})$	$p(X_{A4}, X_{ji})$	$p(X_{A5}, X_{ji})$	$p(X_{A6}, X_{ji})$	$p(X_{A7}, X_{ji})$
距离	0	-2	0	-2	-3	0	-5

根据式（6.5）和表 6.16 的数据，可求得可重复级的 7 个特征指标

$X_{A1} - X_{A7}$ 的关联度，见表 6.17：

表 6.17　　　　　　　　　可重复级的特征指标的关联度

特征指标	$K(X_{A1})$	$K(X_{A2})$	$K(X_{A3})$	$K(X_{A4})$	$K(X_{A5})$	$K(X_{A6})$	$K(X_{A7})$
关联度	0	0.125	0	0.125	0.188	0	0.313

根据式 (6.6)，将表 6.17 中可重复级的 7 个特征指标的关联度与表 6.14 中相应的特征指标的权重分别相乘后相加，得到可重复级的综合关联度为：

$$K_j = \sum_{i=1}^{7} w_i \cdot K_j(X_i) = 0.037$$

同理，按照上述步骤计算成熟度模型其他三个等级的特征指标的关联度和综合关联函数，所得结果见表 6.18、表 6.19、表 6.20。

表 6.18　　　　　　　　　定义级的特征指标的关联度

特征指标	$K(X_{B1})$	$K(X_{B2})$	$K(X_{B3})$	$K(X_{B4})$	$K(X_{B5})$
关联度	0.5	0	0.186	0.313	0

根据式 (6.6)，可以得到定义级的综合关联度为：

$$K_j = \sum_{i=1}^{5} w_i \cdot K_j(X_i) = 0.037$$

表 6.19　　　　　　　　　已管理级的特征指标的关联度

特征指标	$K(X_{C1})$	$K(X_{C2})$	$K(X_{C3})$	$K(X_{C4})$
关联度	0.188	-0.458	0.125	-0.25

根据式 (6.6)，可以得到已管理级的综合关联度为：

$$K_j = \sum_{i=1}^{4} w_i \cdot K_j(X_i) = -0.013$$

表6.20   **持续改进级的特征指标的关联度**

特征指标	$K(X_{D1})$	$K(X_{D2})$	$K(X_{D3})$
关联度	0.5	-0.542	-0.458

根据式（6.6），可以得到持续改进级的综合关联度为：

$$K_j = \sum_{i=1}^{3} w_i \cdot K_j(X_i) = -0.016$$

根据上述步骤和过程，整理所得到的综合关联函数的计算结果及对成熟度各等级的符合程度的评价结果，见表6.21。

表6.21   **关键过程域的综合关联函数及评价结果**

	评价等级				评价结果
	可重复级	定义级	已管理级	持续改进级	
综合关联度	0.037	0.037	-0.013	-0.016	定义级

根据上述评价结果可以看出，某超市生鲜农产品O2O的成熟等级为定义级。其中，关键过程域中的信息的识别与发布、生鲜农产品质量标准制定和总结与评价是企业的薄弱环节，可加以改进。

第 七 章

基于线上线下融合的
生鲜农产品质量监管

    本章主要研究了基于线上线下融合的生鲜农产品质量监管。本章利用三角模糊数、贝叶斯网络分析整理出影响生鲜农产品质量控制的关键因素，一方面克服了故障树分析法、风险矩阵法等评价方法的不足，将对抽象问题领域难以描述的部分给予直观的描述；另一方面整理出生鲜农产品供应运作流程，为加强线上线下融合过程中生鲜农产品质量监管提供切入点。

第一节　线上线下融合的生鲜农产品
　　　　供应作业流程

    线上线下融合的生鲜农产品供应环节分析是明确供应环节及流程中生鲜农产品质量影响因素的前提，通过将供应环节详细划分，清楚分析具体的作业流程，可以从中提取出影响生鲜农产品质量的关键因素。本章在专家咨询及实地调研的基础上，整理出线上线下融合的生鲜农产品供应运作流程，如图7.1所示。

    本章主要研究线上线下融合的生鲜农产品从连锁超市、便利店配送到消费终端的过程中影响生鲜农产品质量安全及控制的因素，所涉及的供应流通环节如图7.2所示。

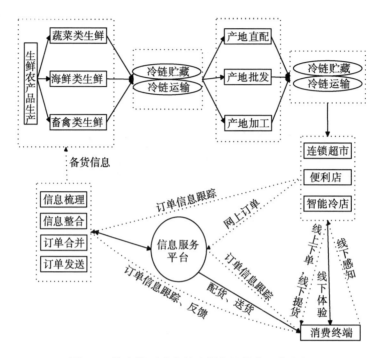

图7.1 线上线下融合的生鲜产品供应运作流程

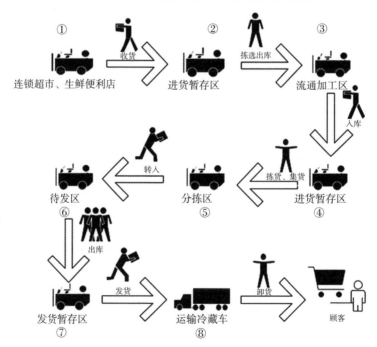

图7.2 生鲜农产品的供应流通环节

　　生鲜农产品上游供应商根据配送中心和农贸市场的订单配送货物，而线上线下融合的大型超市和生鲜农产品商户根据客户需求预测和采购计划进行采购，然后对收到的货物进行验收、存储、登记和分类。考虑到一些生鲜农产品的特殊性，商家还需要进行配送加工，以延长保质期或增加其附加值。收到客户订单后，对生鲜农产品进行分拣、配送和包装，并将其移至等候区。为保证生鲜农产品的配送效率和质量安全，在制定配送计划、明确配送路线的基础上，向客户发出配送通知，将货物装入冷藏配送车，在运输过程中进行全程温控，直至安全送达客户。具体操作流程见表7.1。

表7.1　　　　　　　　线上线下融合的生鲜农产品供应作业流程

环节	序号	作业流程
备货	①	a. 制定进货计划 b. 到货准备，提前准备各种装卸设备及温度检测仪器 c. 到货验收 d. 到货卸货
	②	a. 生鲜农产品编号 b. 生鲜农产品分类 c. 周转箱回收，周转箱是生鲜农产品流通的物流容器 d. 库内检验 e. 处理进货信息，包括生鲜农产品品种、数量、重量、到货时间、到货温度、供应商名称、需求客户名称等 f. 库房监控，记录库内温度、湿度，控制库内储存环境，定时清洁冷库
流通加工	③	a. 划分等级/部位 b. 去除外皮、根茎（蔬果），去皮去骨（肉） c. 洗净 d. 分切 e. 称重 f. 包装 g. 贴标签 h. 记录产品信息

环节	序号	作业流程
理货	④	接到订单后，制定理货计划
	⑤	a. 分货作业，把生鲜农产品按不同配送目的或不同客户分开
		b. 配货检查，进行商品编码和数量的核实，并再次对生鲜农产品品质、温度进行检查
		c. 外包装，为了方便装卸搬运以及刺激消费者的潜在购买欲，一般用周转箱或大食品袋把零散或小包装的生鲜农产品装起来
		d. 贴标签，标明配送生鲜农产品名称、客户名称、配送地点、时间等
送货	⑥	a. 制定送货计划，根据客户要求，确定送货数量、对象、送货路线等
		b. 发货通知，根据送货计划，提前通知客户生鲜农产品种类、数量及预计到达时间
		c. 出货检查，根据订单对需要送货的生鲜农产品品名、数量、重量等进行核对
		d. 温度记录，送货前记录出库温度
	⑦	装车，按照送货计划分别装入不同送货路线的冷藏车
	⑧	a. 运输 b. 全程温控

第二节　关键因素提炼模型

为了研究线上线下融合的生鲜农产品质量控制的关键因素，需要整合一系列因素和指标进行对比分析。考虑到各因素的影响程度难以量化和不确定性，采用贝叶斯网络的推理分析功能，将贝叶斯方法与图论有机结合，实现基于概率不确定性和统计理论的正向和反向综合推理，并将推理结果直接反映在网络图中。对抽象问题域中难以描述的部分给出直观的描述，通过概率的分析比较，判断分析关键影响因素。

一　确定贝叶斯网络节点与值域

通过分析线上线下融合的生鲜农产品供应作业流程，确认了生鲜农产品质量控制过程中存在的46个影响因素，并将其影响因素划分为46个网络节点，旨在衡量生鲜农产品的最终质量。贝叶斯网络中每个节点的序列号和范围见表7.2。

表 7.2　　　　　　　　　　贝叶斯网络的值域

序号	节点	值域
A_1	生鲜农产品质量	(0, 1)
A_2	备货环节	(0, 1)
A_3	流通加工	(0, 1)
A_4	理货环节	(0, 1)
A_5	送货环节	(0, 1)
B_1	进货计划	(0, 1)
B_2	到货验收	(0, 1)
B_3	到货卸货	(0, 1)
B_4	收货	(0, 1)
B_5	生鲜农产品分类	(0, 1)
B_6	库内检验	(0, 1)
B_7	库房监控	(0, 1)
B_8	拣选出库	(0, 1)
B_9	清洗分切作业	(0, 1)
B_{10}	包装	(0, 1)
B_{11}	入库	(0, 1)
B_{12}	分拣作业	(0, 1)
B_{13}	配货检查	(0, 1)
B_{14}	外包装	(0, 1)
B_{15}	送货计划	(0, 1)
B_{16}	发货通知	(0, 1)
B_{17}	出货检查	(0, 1)
B_{18}	装车	(0, 1)
B_{19}	运输	(0, 1)
B_{20}	全程温控	(0, 1)
B_{21}	送货卸货	(0, 1)
C_1	卸货作业设备	(0, 1)
C_2	卸货人员素质	(0, 1)
C_3	品质检验	(0, 1)
C_4	库房温度监控	(0, 1)
C_5	库房卫生清理	(0, 1)
C_6	库房冷藏设备	(0, 1)

续表

序号	节点	值域
C_7	库房意外事故	(0, 1)
C_8	包装要求	(0, 1)
C_9	包装严密性	(0, 1)
C_{10}	分拣设备	(0, 1)
C_{11}	分拣人员素质	(0, 1)
C_{12}	物流容器	(0, 1)
C_{13}	作业人员素质	(0, 1)
C_{14}	装车作业设备	(0, 1)
C_{15}	生鲜农产品装载合理性	(0, 1)
C_{16}	装车顺序	(0, 1)
C_{17}	冷藏车故障	(0, 1)
C_{18}	交通环境	(0, 1)
C_{19}	温控设备	(0, 1)
C_{20}	送货人员素质	(0, 1)

本章首先由专家手动建立贝叶斯网络结构，然后通过对数据库的分析修正之前得到的贝叶斯网络模型，如图 7.3 所示。

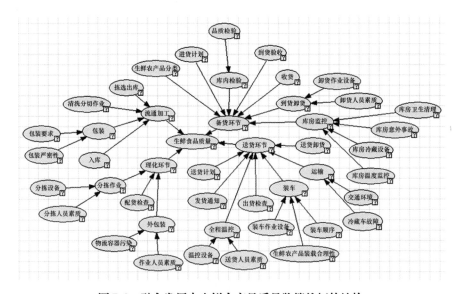

图7.3 融合发展中生鲜农产品质量监管的拓扑结构

二 确定条件概率表

一个完整的贝叶斯网络模型包含了网络拓扑和模型中的参数，模型参数是指每个节点上的概率分布表。建立网络拓扑结构后，需要定量描述各节点之间的概率关系，这是贝叶斯网络推理的基础。通过问卷调查和三角模糊数的数据处理，为每个节点引入合适的条件概率表。以包装水平的条件概率分布为例，见表7.3。

表7.3　　　　　　　　包装水平的条件概率表

条件		三角模糊数		概率	
State0	State1	State0	State1	State0	State1
C_8、C_9		(0.57, 0.77, 0.93)	(0.03, 0.17, 0.37)	0.8	0.2
C_8	C_9	(0.37, 0.57, 0.77)	(0.23, 0.43, 0.63)	0.57	0.43
C_9	C_8	(0.43, 0.63, 0.83)	(0.17, 0.37, 0.57)	0.63	0.37
	C_8、C_9	(0.33, 0.5, 0.7)	(0.23, 0.43, 0.63)	0.54	0.46

第三节　关键因素提炼模型在生鲜农产品质量监管中的应用

一 模型仿真

为了真实反映进行生鲜农产品质量控制的影响因素，以及进行比较客观的评价，本章收集了影响生鲜农产品质量安全的相关资料，通过调研京东到家、顺丰优选等O2O生鲜平台加盟商家，依据专家意见收集数据并使用三角模糊数处理，将其录入 GeNIe 软件中进行仿真模拟，根据正向推理，可以得出各个节点的概率值，其中"State0"表示状态较好，"State1"表示状态较差，如图7.4所示。

根据贝叶斯网络的逆向推理，当生鲜农产品质量出现问题即 P（$A =$ State1）$=1$，通过 GeNIe 软件对贝叶斯网络的模拟仿真可知，备货环节对生鲜农产品质量安全的影响程度最大，其相应的概率值为56%，其次是配送环节、理货环节、流通加工环节。在备货环节中，到货卸货、库内检验、库房监控是影响线上线下融合的生鲜农产品质量安全的关键因

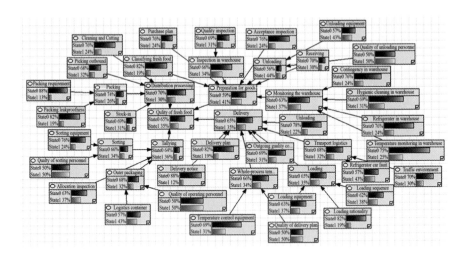

图7.4 贝叶斯网络先验概率模型

素，其影响程度依次为 44%、37%、34%，如图 7.5 所示。

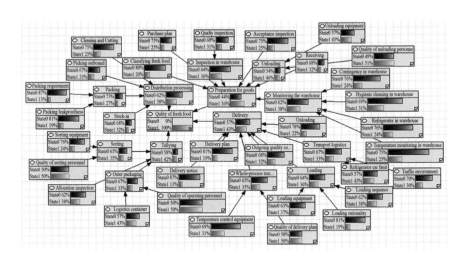

图7.5 贝叶斯网络后验概率模型

二 结果分析

根据上述模型模拟结果，应从以下三个方面加强措施，确保生鲜农产品质量安全。

第一，提高到货卸货水平，降低生鲜农产品破损率。据冷链市场调研显示，在卸货过程中，生鲜农产品包装破损的概率和生鲜农产品本身破损的概率都大大增加。用自动叉车等操作设备替代传统搬运作业，可以有效减少生鲜农产品的粗加工操作，缩短室温下的暴露时间，提高卸货作业效率，保障生鲜农产品的质量。

第二，加强仓库检查措施，阻断假冒伪劣流通渠道。生鲜农产品入库后，加强质量检验操作，及时准确检验农药残留、激素含量等，防止不安全的生鲜农产品进入流通渠道，杜绝不合格生鲜农产品危害消费者。

第三，完善仓库监控系统，加强生鲜农产品监管。首先，有效的仓库温度监测使生鲜农产品处于合适的储存温度，防止生鲜农产品变质。其次，及时清理仓库，防止变质的生鲜农产品滋生细菌、污染冷库环境，应消除有害生物病菌传播对生鲜农产品安全造成的危害。再次，有效监测冷藏设备故障有利于提高生鲜农产品的冷藏效果。最后，加强对火灾、盗窃等仓库事故的监控，切实保障生鲜农产品的质量安全。

三　相关建议

本章将提供相应对策建议，协助生鲜农产品电商平台和政府部门优化及完善的监管策略，确保生鲜农产品电商食品质量安全，协助生鲜农产品供应商优化质量安全投入策略，并提出更高效的管理举措，指导供应商改善服务质量，提升顾客满意度，从而减少产品质量问题和安全问题的发生。

（1）政府部门监管的重点应为生鲜农产品电商平台

在电商飞速发展的背景下，政府监管很难涵盖全部市场，生鲜农产品电商平台成为生鲜农产品质量安全的主要控制力量与监督力量，能够充分实现对销售方的管理。政府部门在选取监督对象时，应着重监督生鲜农产品电商平台，并重点关注其终端售卖商品的质量安全，从而促使生鲜农产品电商平台以高度负责的心态管理平台供应商。

（2）强化生鲜农产品电商平台的监管主体地位

严格执行生鲜农产品电商平台的监管主体责任机制，明确其作为食品质量安全事件的"第一责任人"。督促生鲜农产品电商平台严格、规范遴选供应商，完善内部食品质量安全检查体系，建立健全的食品溯源体系，并鼓励其自我约束和诚信运营。

（3）加强政府部门和平台的食品质量安全监管

政府部门加强快速严格执法办案，平台加强追溯体系建设。政府部门和平台应建立和执行质量监督制度和行政问责管理机制，对食品质量安全问题进行最严格的惩罚，并对相关监管部门和主要责任人进行追责，做到"一发现就查办"。加大生鲜农产品电商质量安全问题的违法成本。以规范的技术标准、密切的监督、严肃的查处、严格的问责保障食品安全，维护消费者以及人民群众的利益。

（4）严格选择供应商，加强质量安全教育

为严格控制生鲜农产品的质量，应从源头上对生鲜农产品的供应商进行审核。加强对供应商的质量安全教育，帮助供应商制定建立质量安全保障方案，并协助其辨识与评价质量安全风险，使供货商与电商平台"捆绑"，扬长避短，协同履行企业社会责任，保障生鲜农产品的质量安全。

（5）加强生鲜农产品质量安全多元化监管体系建设，确保市场公平竞争

政府部门和电商平台应建立多元化、全员参与的食品质量安全监管机制，形成以法治为基石、以企业自律为基础、以消费者参与为保障的市场监管新格局。在着力支持生鲜农产品电商平台发展、明确生鲜农产品电商平台主体责任体系的同时，要加强政府监管部门、生鲜农产品电商平台、生鲜农产品供应商、第三方检验检疫机构和消费者的力量，充分发挥企业自律、舆论监督、公众监督的作用，实现有效的社会共治，为生鲜农产品电商创造公平有序的市场环境，保障食品质量安全。

第 八 章

基于线上线下融合的生鲜农产品
电商顾客满意度测评

本章在文献分析和企业调研的基础上，结合生鲜农产品线上线下融合模式自身的特点，以中国顾客满意度模型（CCSI）为基础建立生鲜农产品电商顾客满意度理论模型，提出研究假设，构建顾客满意度影响因素的指标体系。基于实证研究，利用 SPSS 20.0 对数据进行描述性统计分析、信度分析和效度分析，应用 AMOS 24.0 对模型进行验证性因子分析，并对结构方程模型进行检验和修正，得到假设的验证结果和最终的影响因素，运用满意度—重要度模型构建线上线下融合模式中生鲜农产品电商顾客满意度影响因素四分图并提出对策建议，对推动企业发展、提升顾客满意度具有一定的实践指导意义。

第一节　生鲜农产品电商顾客满意度测评途径

只有提供满足客户需求的产品或服务，才能让客户满意，生鲜农产品电商企业才能在激烈的市场竞争中形成核心竞争力，保持长期盈利能力。给顾客创造良好的需求可以有效减少生鲜农产品电商的经营成本，从而增加的利润，实现生鲜农产品电商的健康发展。企业的产品和服务能够满足顾客的期望，顾客就会形成一种满足感，并且对平台产生忠诚度；如果超出了顾客的预期，顾客满意度会显著提高，再次购买产品的意愿增加。良好的顾客满意度能够提高品牌效应，也可以促进企业良好形象的建立。除了自身购买行为，顾客如果对生鲜农产品电商企业所提供的商品和服务满意，会主动为其他顾客进行产品（服务）的推荐。在信息技术高度发达的今天，上述口碑效应更加明显，其影响力可以通过互联网的快速传播得到放大。因此，良好的口碑效应不仅可以树立生鲜农产品电商企业的良好形象，还可以吸引并创造更多的潜在消费者。因此，生鲜农产品电商顾客满意度测评具有重要的意义。目前，生鲜农产品电商顾客满意度评测评途径包括意见卡和意见箱、评论反馈、电话调查、与顾客当面访谈四种。

一 意见卡和意见箱

使用意见卡意见箱可以测评顾客的满意度，在生鲜农产品电商门店，可以看到在接近出口的位置，或是在餐厅的桌子背面等地方放有意见卡或意见箱。通过意见卡，顾客可以对生鲜农产品的卫生、价格以及门店服务质量以及门店卫生等问题来进行打分。不同的得分代表着不同顾客的满意度，继而顾客将意见卡匿名反馈给门店。与意见卡不同，顾客投入意见箱的信息是开放的，无论是对于门店的建议，抑或是对于生鲜农产品电商企业的建议都可以填写进去，并且可以投入意见箱中。顾客可以根据自己的感受进行记录，门店将顾客的意见反馈给生鲜农产品电商企业，生鲜农产品电商根据收集的顾客意见对顾客的满意度进行测评，意见箱和意见卡成为顾客提出意见的空间。生鲜农产品电商企业可以通过顾客提出的意见来追踪门店发生的问题，并提出具体的解决方案。

例如，永辉超市通过线上和线下两种方式去收集顾客的意见。在线上，顾客通过永辉生活 App 登录，选择进入"我的"界面，在界面可以清晰地看到意见反馈，在意见反馈中，顾客可以向永辉超市提出与订单配送相关的问题，如 App 功能问题，配送过快或过慢的问题，商品质量、保质期的问题，在线客服处理效率、态度的问题（如图 8.1 所示）。另外，顾客可以点击表扬和其他链接，对永辉超市提出表扬或者投诉，顾客也可以根据自己的意见或建议在其他界面输入自己的想法（如图 8.2 所示）。基于此，永辉超市可以根据这一系列的线上意见测评顾客满意度。

8.1　永辉生活 App"我的"界面

资料来源：笔者手机截图。

图 8.2　永辉生活 App 意见反馈界面

资料来源：笔者手机截图。

　　在线下，永辉超市通过在门店内设置服务中心（如图 8.3 所示）来获取顾客的意见，从而对顾客满意度进行测评。开放式的服务中心可以让消费者提出关于门店和生鲜农产品的有效意见。服务中心可以第一时间记录顾客的意见，在固定日期将顾客意见传递给上一级，并根据片区的意见进行整理，从线下的角度对顾客的满意度进行测评。

图 8.3 永辉超市门店服务中心

资料来源：笔者拍摄。

二 评论反馈

网络时代，交易平台、微信、QQ 等网络评价工具逐步形成了客户间评价交互的主导趋势。顾客评价对于生鲜农产品电商企业的销售是非常重要的。每一个生鲜农产品电商平台都有自己的 App，顾客可以在不同生鲜农产品电商 App 上购买生鲜农产品。在购买前，顾客可以在评论区查看商品数量、质量等顾客关注的要素；在购买后，顾客可以在评论系统中评价商品质量、发货和服务态度等，也可以提出有价值的建议和意见。生鲜农产品电商平台也会鼓励顾客在平台上参与满意度调查，例如每日优鲜会鼓励顾客参与评论反馈，在顾客参与评论之后，给予顾客一定数额的满减券作为奖励。除此之外，很多生鲜农产品电商企业建立了自己的自媒体渠道，例如微博、抖音等热门平台的账号，在不同的自媒体账号上，鼓励顾客提供改善其服务或产品的建议，希望能够更好地和顾客沟通。这种方式同样可以测评顾客满意度，并达到良好的宣传效果。

三 电话调查

生鲜农产品电商企业也会通过电话调查来测评顾客满意度。电话调查是一种测评满意度的方式，考虑到参与调查的顾客的耐心程度，电话调查的时间控制在五分钟以内。电话调查与意见箱和意见卡、评论反馈不同，电话调查成本较高，但可以通过声音和顾客进行情感上的交流，更容易让顾客真情实感地进行表达，更能从顾客身上得到真实的数据。通过电话访谈，生鲜农产品电商企业可以记录和总结每次通话的重要信息，快速找到顾客的评价建议，进而改进自己的业务。除此之外，还能更加及时地解决顾客的问题。部分生鲜农产品电商企业会通过第三方平台来进行电话调查，可能会对第三方企业的了解程度不深导致对顾客满意度的测评失真，因此对访问员的知识素养以及专业知识有一定要求。

四　与顾客当面访谈

生鲜农产品电商企业可以通过与顾客当面访谈的方式来测评顾客满意度。与顾客当面访谈需要耗费大量的人力、物力、财力，也会占用顾客较多的时间。另外，与顾客当面访谈容易受到时间和地点的限制，因此与顾客当面访谈来测评顾客满意度难度很大。当面访谈可以展现双方在沟通上的诚意，访谈人员可以根据顾客所表达出来的情绪，有针对性地对原有的访谈大纲进行修改或者深入挖掘访谈大纲中的具体问题。此外，在访谈过程中，可以为顾客提供舒适安静的环境，可以使顾客能够相对平静专注地完成所访谈的内容。

第二节　线上线下融合模式中生鲜农产品电商顾客满意度模型构建

一　模型构建

影响生鲜农产品电商顾客满意度的因素很多，在前人研究的基础上，本节构建了线上线下融合模式中生鲜农产品顾客满意度的理论模型，如图8.4所示。

模型中相关变量的含义如下：

企业形象是指人们在与企业联系的过程中，对企业的总体印象。企业形象的一个外在形式，代表了公司的精神与文化，是由不同的指标建立的，

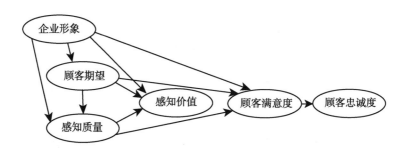

图8.4 线上线下融合模式生鲜农产品电商顾客满意度理论模型

包括产品特性、营销策略、人员风格等。① 顾客期望是指顾客在购买某种服务和产品之前，对所购买的产品或服务的质量进行的总体评价。感知质量是指顾客在购买了相应的服务和商品之后，对其选择和使用过的商品或服务的总体评价。感知价值是指顾客在对其选择的商品或者服务的品质和价值，进行综合考量后所产生的客观评价。顾客满意度表示由顾客根据商品或者服务，在综合购买前或者使用后的评价结果后得出的主观评价。顾客忠诚度表示顾客在选择使用商品或服务之后，愿意再次购买以及价格上升后愿意再次购买。由此，本书提出模型的11个相关假设：

假设1：企业形象与顾客期望存在正相关关系。

假设2：企业形象与感知质量存在正相关关系。

假设3：企业形象与感知价值存在正相关关系。

假设4：企业形象与顾客满意度存在正相关关系。

假设5：顾客期望与感知质量存在正相关关系。

假设6：顾客期望与感知价值存在正相关关系。

假设7：顾客期望与顾客满意度存在正相关关系。

假设8：感知质量与感知价值存在正相关关系。

假设9：感知价值与顾客满意度存在正相关关系。

假设10：感知质量与顾客满意度存在正相关关系。

假设11：顾客满意度与顾客忠诚度存在直接的正相关关系。

---

① 马云峰、杨超等：《基于时间满意的最大覆盖选址问题》，《中国管理科学》2006年第2期。

二　生鲜农产品电商顾客满意度测评指标体系

在遵循科学性、真实性、全面性、可行性、动态性、层次性、系统性原则的基础上，结合线上线下购买生鲜农产品的实际情况，构建了线上线下融合模式中生鲜农产品电商顾客满意度测评指标体系，见表8.1。

表8.1　线上线下融合模式中生鲜农产品电商顾客满意度测评指标体系

一级指标	二级指标	三级指标	四级指标
顾客满意度测评指标体系	企业形象	企业信誉	O2O线上平台信誉
			O2O线下商家信誉
	顾客期望	顾客期望	顾客期望
			预期购物体验
			预期需求满足
	感知质量	顾客评价	顾客评价
		产品质量	新鲜度
			种类
			安全性
		营销策略	折扣
			返利活动
		信息质量	真实性
			全面性
		物流质量	产品完整性
			速度
			时间
			信息更新
			配送员态度
		O2O平台质量	界面设计
			购物流程便捷度
		线上支付质量	支付形式多样化
			支付安全性
		售后服务	投诉处理及时
			投诉处理结果满意

续表

一级指标	二级指标	三级指标	四级指标
顾客满意度测评指标体系	感知质量	线下实体店质量	环境整洁
			取货便捷
			支付便捷
			工作人员服务态度
	感知价值	给定质量下对于价格的感知	交易成本
		给定价格下对于产品的感知	购物体验
		成本与价值	成本与价值成正比
	顾客忠诚度	当前忠诚度	推荐可能性
		长期忠诚度	继续购买
			价格上涨后仍购买
	顾客满意度	对平台提供的产品和服务的态度	产品和服务
			总体体验
			需求满足度

第三节　顾客满意度模型在融合发展中的应用

一　样本统计

本章通过问卷调查，选择结构方程模型进行数据处理和研究，使用 SPSS 20.0 和 AMOS 24.0 进行数据分析。SPSS 20.0 主要用于描述性统计分析、信度检验和效度检验。运用 AMOS 24.0 对提出的理论模型进行结构方程建模、验证性因子分析和通径分析，并对模型进行拟合评价，实证研究结果验证了研究假设。

利用 SPSS 20.0 对总体数据进行描述性统计分析的结果见表 8.2。从表 8.2 可以看出，36 个测评项目的最高平均分是 Q1，为 4.29 分，最低平均分是 Y6，为 3.30 分，说明受访者对研究中提出的测评项目的满意度介于不确定和同意之间，总体上趋于一致。

表8.2　　　　　　　　　　　样本描述统计量（N = 227）

测评项	极限值	极大值	均值	标准差
Q1 该平台知名度高且信誉好	1	5	4.29	0.765
Q2 该商家知名度高且信誉好	1	5	4.21	0.785
Z1 我预期通过该平台能购买到质量好的产品	1	5	4.18	0.725
Z2 我预期通过该平台购物会是一次满意的购物体验	2	5	4.11	0.655
Z3 我预期通过该平台购物能满足我的需求	2	5	4.18	0.644
X01 该平台的顾客好评度高	1	5	3.81	0.788
X02 该平台提供的生鲜农产品十分新鲜	2	5	3.96	0.657
X03 该平台提供的生鲜农产品种类丰富，能满足我的需求	1	5	3.98	0.746
X04 该平台的生鲜农产品能保证食品安全	2	5	3.90	0.752
X05 该平台的折扣力度大	1	5	3.55	0.983
X06 该平台的返利活动多	1		3.36	1.018
X07 该平台展示的信息与实际信息相符合	1	5	3.81	0.653
X08 该平台提供的产品信息十分全面，有助于我更好地了解产品	1	5	3.64	0.810
X09 配送过程保证产品质量完好无损	1	5	3.87	0.824
X10 配送速度快，能在承诺时间内到达	2	5	4.16	0.759
X11 配送信息更新及时，可以随时了解订单状态	1	5	3.98	0.912
X12 配送人员态度友好，有礼貌	2	5	4.17	0.742
X13 该平台有很好的使用界面，分类清晰	2	5	4.11	0.692
X14 该平台从选择产品到结账的操作过程简单易懂	2	5	4.13	0.649
X15 该平台支持多种支付方式	2	5	4.06	0.762
X16 该平台的在线付款方式比较安全	2	5	3.93	0.735
X17 该平台重视顾客投诉，处理及时	1	5	3.65	0.814
X18 该平台对投诉的处理结果令人满意	2	5	3.70	0.819
X19 线下实体店环境干净整洁，布局合理	1	5	3.63	0.817
X20 线下实体店取货便捷，取货时间合理	1	5	3.75	0.793
X22 线下实体店工作人员服务态度好	1	5	3.71	0.730
J1 在给定质量下，对支付的价格感到满意	1	5	3.95	0.760
J2 在给定价格下，对获得的产品和服务感到满意	2	5	3.96	0.658
J3 通过该方式购物付出的成本与得到的价值成正比	2	5	3.99	0.675

续表

测评项	极限值	极大值	均值	标准差
Y1 我很满意通过该平台获得的产品和服务	2	5	3.95	0.712
Y2 我喜欢在该平台的购物过程	1	5	3.90	0.760
Y3 该平台满足了我的购买需求	2	5	4.00	0.738
Y4 我愿意将该平台推荐给其他人	2	5	3.92	0.736
Y5 我愿意继续使用该平台	1	5	4.01	0.809
Y6 即使该平台产品价格轻微上涨，我仍愿意在该平台购物	1	5	3.30	0.929

二 样本分析

(1) 样本信度分析

本章采用 Cronbach's α 信度系数法对问卷调查所收集的数据进行信度分析。α 系数的计算公式如下：

$$\alpha = \frac{k}{k-1}\left(1 - \frac{\sum_{i=1}^{k} Si^2}{S^2}\right) \tag{8.1}$$

其中，k 为测评题目的总数，S_i 为第 i 题的分数的方差，S_k 为测评问卷总分的方程。α 系数的值为 0 - 1，数值越大，表明信度越高，问卷的内部一致性越好。一般而言，当 $\alpha < 0.6$ 时，说明问卷需要进一步修改；当 $0.6 < \alpha < 0.7$ 时，说明信度一般；当 $\alpha > 0.7$ 时，说明信度高。本章利用 SPSS 20.0 统计软件对收集的问卷进行信度检验，具体结果见表 8.3 和表 8.4。

表8.3   问卷整体信度

Cronbach's Alpha	基于标准化项的 Cronbachs Alpha	项数
0.915	0.918	36

表8.4   研究变量信度

研究变量	变量	项数	Cronbach's Alpha
企业形象	2	Q1—Q2	0.826
顾客期望	3	Z1—Z3	0.818

续表

研究变量	变量	项数	Cronbach's Alpha
感知质量	22	X01—X22	0.852
感知价值	3	J1—J3	0.752
顾客满意度	3	Y1—Y3	0.751
顾客忠诚度	3	Y4—Y6	0.764

从表8.3、表8.4可以看出，本章的变量中，问卷的总体信度高达0.918，单个研究变量的Cronbach's信度系数超过了0.750。由此可知，问卷具有良好的稳定性和内部一致性，整体信度较高。

（2）样本效度分析

本章主要采用KMO检验和Bartlett球形度检验来判断问卷数据是否适合进行因子分析，通过验证性因子分析来检验问卷的有效性。从表8.5可以看出整体KMO值为0.860，从表8.6的KMO检验分析结果可以看研究变量的KMO值均在0.500以上，说明问卷数据适合因子分析。Bartlett球形度检验Sig为$0.000 < 0.1$，拒绝零假设，认为研究变量的测评项目之间存在显著的相关性。

表8.5　　　　　　　　**总体 KMO 和 Bartlett 检验**

取样足够度的 K-M-O 度量		0.860
Bartlett 球形度检验	近似卡方	3673.862
	df	630
	Sig.	0.000

表8.6　　　　　　　　**研究变量 KMO 和 Bartlett 检验**

研究变量	测评变量	KMO 值	Sig.
企业形象	Q1—Q2	0.500	0.000
顾客期望	Z1—Z3	0.714	0.000
感知质量	X01—X22	0.787	0.000
感知价值	J1—J3	0.692	0.000
顾客满意	Y1—Y3	0.679	0.000
顾客忠诚度	Y4—Y6	0.670	0.000

三 结构方程模型分析

（1）模型验证性因子分析

上述结果表明，本章构建的测评模型具有良好的信度和效度，可用于结构效度分析。用 AMOS 24.0 即验证性因子分析对模型的有效性进行检验，进一步验证模型中各观察变量与各潜在变量之间的隶属关系是否正确合理。

模型的验证性因素分析结果见表 8.7。从表 8.7 可以看出，顾客忠诚度、顾客满意度、企业形象、顾客期望、感知价值等潜在变量与其对应的观察变量之间的因子负荷系数均大于 0.5，而感知质量的部分观察变量的因子负荷小于 0.5，其中最小的为 0.267，观察变量为平台的折扣力度，说明折扣对顾客感知质量的影响不大，考虑删除调整。

表 8.7 观测变量因子载荷

关系			因子载荷	关系			因子载荷
Y4	<—	顾客忠诚度	0.776	X18	<—	感知质量	0.476
Y5	<—	顾客忠诚度	0.841	X17	<—	感知质量	0.547
Y6	<—	顾客忠诚度	0.580	X16	<—	感知质量	0.413
Y1	<—	顾客满意度	0.705	X15	<—	感知质量	0.326
Y2	<—	顾客满意度	0.702	X14	<—	感知质量	0.406
Y3	<—	顾客满意度	0.738	X13	<—	感知质量	0.439
Q1	<—	企业形象	0.790	X12	<—	感知质量	0.478
Q2	<—	企业形象	0.891	X11	<—	感知质量	0.459
Z1	<—	顾客期望	0.812	X10	<—	感知质量	0.560
Z2	<—	顾客期望	0.797	X09	<—	感知质量	0.537
Z3	<—	顾客期望	0.716	X08	<—	感知质量	0.404
J1	<—	感知价值	0.640	X07	<—	感知质量	0.437
J2	<—	感知价值	0.729	X06	<—	感知质量	0.276
J3	<—	感知价值	0.757	X05	<—	感知质量	0.267
X22	<—	感知质量	0.421	X04	<—	感知质量	0.621
X21	<—	感知质量	0.418	X03	<—	感知质量	0.565
X20	<—	感知质量	0.510	X02	<—	感知质量	0.565
X19	<—	感知质量	0.433	X01	<—	感知质量	0.501

考虑到观测变量多且均显著，因子负荷定义为大于 0.45，调整后的因子负荷见表 8.8。其余观察变量与潜在变量具有良好的隶属关系，并通过了验证性因素分析。调整后的结构方程模型如图 8.5 所示。

表 8.8　　　　　　　　调整后的观测变量因子载荷

	关系		因子载荷		关系		因子载荷
Y4	<—	顾客忠诚度	0.772	J3	<—	感知价值	0.753
Y5	<—	顾客忠诚度	0.846	X22	<—	感知质量	0.478
Y6	<—	顾客忠诚度	0.580	X21	<—	感知质量	0.464
Y1	<—	顾客满意度	0.706	X20	<—	感知质量	0.563
Y2	<—	顾客满意度	0.693	X19	<—	感知质量	0.482
Y3	<—	顾客满意度	0.739	X18	<—	感知质量	0.479
Q1	<—	企业形象	0.790	X17	<—	感知质量	0.554
Q2	<—	企业形象	0.891	X10	<—	感知质量	0.513
Z1	<—	顾客期望	0.815	X09	<—	感知质量	0.490
Z2	<—	顾客期望	0.798	X04	<—	感知质量	0.661
Z3	<—	顾客期望	0.713	X03	<—	感知质量	0.564
J1	<—	感知价值	0.639	X02	<—	感知质量	0.601
J2	<—	感知价值	0.735	X01	<—	感知质量	0.510

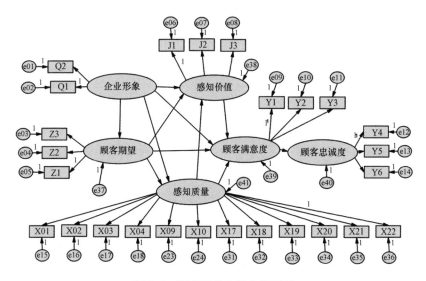

图 8.5　调整后的结构方程模型

（2）结构方程模型检验与修正

A. 结构方程模型的检验

本章构建模型检验线上线下融合模式中生鲜农产品电商顾客满意度的影响因素，得到模型的拟合结果如图 8.6 所示。

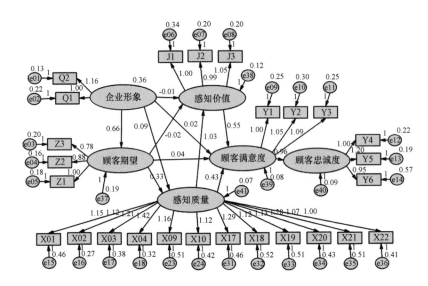

图 8.6 模型拟合路径

在完成结构方程模型中的参数估计后，评价整个模型，并调查假设模型与实际观测数据之间的拟合情况。绝对拟合指数和相对拟合指数常用于评价理论模型与观测数据的适应程度。各拟合指数的判断值及评价见表 8.9。

表 8.9   拟合指数的判断值及评价

拟合指数名称		判断值	评价
绝对拟合指数	χ^2/df	<3	越小越好
	GFI	>0.9	越接近 1 越好
	AGFI	>0.9	越接近 1 越好
	SRMR	<0.05	越小越好，在 0.05—0.08 范围内尚可
	RMSEA	<0.05	越小越好，在 0.05—0.08 范围内尚可

续表

拟合指数名称		判断值	评价
相对拟合指数	NFI	>0.9	越接近 1 越好
	NNFI	>0.9	越接近 1 越好
	CFI	>0.9	越接近 1 越好

本章运用 AMOS 24.0 对模型进行评价，得到输出报表中的拟合指数数据，见表 8.10。

表 8.10　　　　　　　　模型的评价结果

拟合指数	χ^2/df	GFI	AGFI	RMSEA	NFI	CFI
指数值	2.679	0.783	0.736	0.086	0.720	0.801

从表 8.10 可以看出，数据与模型的拟合度不理想，需要修正。从表 8.11 可以看出，企业形象与感知质量、企业形象与顾客满意度、顾客期望与顾客满意度之间的回归系数明显不为零，说明企业形象与顾客满意度之间没有显著的相关性。该结论说明模型需要修改。

表 8.11　　　　　　　　模型路径系数

			Estimate	S. E.	C. R.	P
顾客期望	<—	企业形象	0.655	0.079	8.268	***
感知质量	<—	顾客期望	0.273	0.068	4.015	***
感知质量	<—	企业形象	0.084	0.052	1.615	0.106
感知价值	<—	顾客期望	0.000	0.100	-0.003	0.998
感知价值	<—	感知质量	1.161	0.251	4.632	***
感知价值	<—	企业形象	-0.014	0.083	-0.162	0.871
顾客满意度	<—	顾客期望	0.017	0.085	0.197	0.844
顾客满意度	<—	感知质量	0.724	0.224	3.229	0.001
顾客满意度	<—	感知价值	0.464	0.117	3.970	***
顾客满意度	<—	企业形象	0.012	0.071	0.170	0.865
顾客忠诚度	<—	顾客满意	0.963	0.107	8.991	***

B. 结构方程模型的修正

根据假设结构方程模型的估计结果，外生潜变量企业形象与内生潜变量感知价值之间不存在显著相关性，因此先删除企业形象与感知价值之间的关系。同时，将固定参数重新估计为自由参数，然后重新考察模型试验值可降低的范围。使用修正指数修正模型时，首先要考虑修正指数最大的参数的自由估计。通常可以将 MI > 3.84 或 MI > 6.63 的参数作为路径的自由参数进行估计。修正后的结构方程模型如图 8.7 所示。

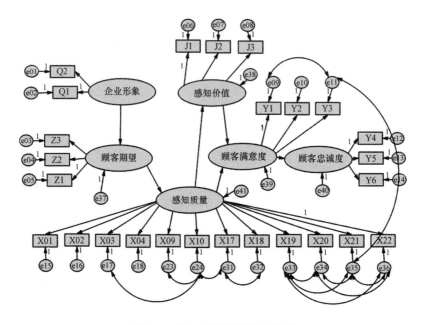

图 8.7 修正后的结构方程模型

将样本数据代入修正后的结构方程模型，可得到的结果见表 8.12。

表 8.12 修正后的模型评价结果

拟合指数	χ^2/df	GFI	AGFI	RMSEA	NFI	CFI
指数值	1.530	0.907	0.846	0.048	0.844	0.939

从表 8.12 可知，模型修正后，χ^2/df 值为 1.530，满足小于 3 的条件，GFI 的值为 0.907 > 0.9，RMSEA 值为 0.048 < 0.05，拟和度良好，可以根

据该模型的回归结果对因素的相对重要性进行判断。

四　假设检验

修正结构方程模型后，所有变量都显著相关，本章提出的 11 个假设的验证结果见表 8.13。

表 8.13　　　　　　　　　　假设验证结果

研究假设	结论
假设 1：企业形象与顾客期望存在正相关关系	支持
假设 2：企业形象与感知质量存在正相关关系	不支持
假设 3：企业形象与感知价值存在正相关关系	不支持
假设 4：企业形象与顾客满意度存在正相关关系	不支持
假设 5：顾客期望与感知质量存在正相关关系	支持
假设 6：顾客期望与感知价值存在正相关关系	不支持
假设 7：顾客期望与顾客满意度存在正相关关系	不支持
假设 8：感知质量与感知价值存在直接的正相关关系	支持
假设 9：感知价值与顾客满意度存在正相关关系	支持
假设 10：感知质量与顾客满意度存在正相关关系	支持
假设 11：顾客满意度与顾客忠诚度存在直接的正相关关系	支持

从表 8.13 可以看出，企业形象与感知质量、感知价值、顾客满意度之间的正相关关系未得到证实。同时，顾客期望与感知价值、顾客满意度之间的正相关关系未得到证实。企业形象与顾客期望、顾客期望与感知质量、感知质量与感知价值、感知价值与顾客满意、感知质量与顾客满意度、顾客满意度与顾客忠诚度之间的正相关关系都得到了证实。

五　影响因素结果图

基于上述假设的验证结果，本章绘制了影响因素结果图（如图 8.8 所示）。从图 8.8 可以看出，企业形象对顾客期望的总体影响效应为

0.67；顾客期望对感知质量的总体影响效应是0.33；感知质量对顾客满意度的总体影响效应是0.76；感知质量对感知价值的总体影响效应是1.21，感知价值对顾客满意度的总体影响效应是0.57；顾客满意度对顾客忠诚度的总体影响效应是0.88。

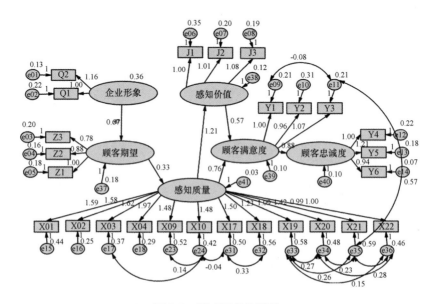

图8.8 影响因素结果图

第四节 线上线下融合模式中生鲜农产品电商顾客满意度四分图分析

一 影响因素四分图

通过上述结构方程模型分析，感知质量对顾客满意度有显著的正向影响。在分析了感知质量的22个观察变量后，得到了12个具有关键影响的观察变量。从这12个具有关键影响的观察变量出发，建立了一个关键要素模型。模型中，各影响因素的顾客满意度采用加权平均求解。可变结果见表8.14。

序号	观察变量	影响因素	满意度	重要度（载荷系数）
表8.14		**影响因素、满意度和重要度**		
01	X01	好评	3.81	0.510
02	X02	产品新鲜	3.96	0.601
03	X03	品种丰富	3.98	0.564
04	X04	食品安全	3.90	0.661
05	X09	配送完整性	3.87	0.490
06	X10	配送及时性	4.16	0.513
07	X17	投诉处理及时	3.65	0.554
08	X18	投诉处理满意	3.70	0.479
09	X19	实体店环境好	3.63	0.482
10	X20	实体店取货便捷	3.75	0.563
11	X21	实体店支付便捷	3.78	0.464
12	X22	实体店工作人员服务好	3.71	0.478

利用 SPSS 22.0，对数据进行四分图（如图8.9所示）分析，根据各影响因素纵轴的重要度和横轴的满意度进行评分，对应四分图的不同区域。

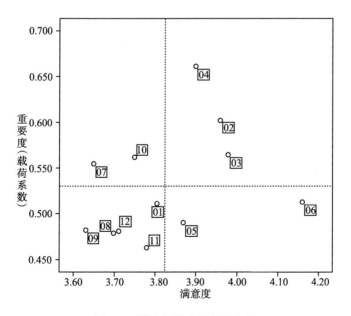

图8.9　满意度影响因素四分图

位于优势区的满意度影响因素是产品新鲜、品种丰富、食品安全，为 O2O 模式下顾客在购买生鲜农产品时考虑的关键因素。同时，顾客的需求很大程度上是通过高水平的物流服务来满足的，在 O2O 模式下，物流服务也提高了顾客在购买生鲜农产品时的满意度。投诉处理及时，实体店取货货便捷都是顾客认为在 O2O 模式下购买生鲜农产品时比较重要的影响因素，但是生鲜农产品电商企业在这些方面一直没有满足顾客的诉求，使得生鲜农产品电商企业顾客满意度较低。位于维持区的是配送完整性、配送及时性，这些方面得受到顾客的高度评价，但这些因素对消费者购买决策的影响有限。目前配送完整性、配送及时性等因素基本能满足顾客的需求，因此生鲜农产品电商企业应采取维护策略。综上所述，生鲜农产品电商企业应重点提升投诉处理及时性、实体店取货便捷等因素。

二 顾客满意度的四分图分析

(一) 优势区顾客满意度提升策略

位于优势区的满意度影响因素是产品新鲜、品种丰富、食品安全，这说明顾客对平台提供的生鲜农产品的质量看得较重，生鲜农产品质量会严重影响顾客满意度。因此，提出以下建议。

1. 保持生鲜农产品的新鲜度

生鲜农产品易腐烂、易碎、不易保存，在整个销售过程中很难保证"新鲜"。因此，企业需要建立一条完整的产品质量管理链，包括原材料采购、生产加工、产品包装、成品检验、分拣配送等。在产品质量管理链中应设有关键的过程控制点，如原材料冷库管理、生鲜产品冷库管理、分拣管理、配送管理等，并建立完善的监控机制。

2. 保持生鲜农产品种类的丰富度

顾客通常会同时在网上购买不同种类的生鲜农产品，希望通过一个平台满足自己的购买需求。因此，生鲜农产品电商企业提供了种类繁多的商品来满足顾客的需求。这意味着生鲜农产品电商企业必须有非常广泛的商品供应，包括普通的蔬菜水果、高端的进口生鲜农产品以及附属产品。与传统企业不同，生鲜农产品电商企业要明确自身定位，尽可能提供高附加值的生鲜农产品，在保证生鲜农产品质量的基础上打响自己的品牌，充分发挥市场潜力，赢得高用户黏性。

3. 保证生鲜农产品的食品安全

食品安全是当今社会最备受重视的问题之一，目前中国还缺乏完整的生鲜农产品质量标准与管理体系。保证生鲜农产品的食品安全，生鲜农产品电商企业必须拥有安全可靠的供应商，从供应源头注重质量，严格检查和控制生鲜农产品的质量。对生鲜农产品的质量安全监管应具备可追溯性。一方面，农产品电商企业在销售生鲜农产品时，应将来源、保质期、成分清单、储存方式、包装方式、生鲜储存温度、食品添加剂、生产许可证号、商品条码等信息透明化；另一方面，可以利用 RFID 等信息技术，使每个环节都能实现对产品的追溯。另外，农产品电商企业可以在店铺或平台上向顾客展示种植面积、货源环境等信息，促使消费者愿意选择和信任农产品电商企业。

（二）修补区顾客满意度提升策略

位于修补区的满意度影响因素是投诉处理及时、实体店取货便捷，但农产品电商企业在此类因素上未能很好地满足顾客的需求，使得顾客农产品电商企业满意度不高。这类因素应是农产品电商企业着力改善和提高的重点。

1. 对投诉处理的修补建议

在实践中，由于各种原因，商品和服务水平很难达到各种主体的预期，从而导致顾客不满。当出现这样的情况时，顾客很少选择向商家投诉，而是可能在下次购买时选择其他商家直接购买。这是因为一方面投诉程序可能比较复杂，投诉成本比较高，包括时间和精力的消耗；另一方面，商家不提供便捷的投诉渠道。因此，生鲜农产品电商企业应该采取必要的措施，鼓励顾客在不满意时进行投诉。例如，可以通过建立评价机制和退换货机制来提高售后服务水平。对于顾客的投诉，生鲜农产品电商企业要足够重视，第一时间回复顾客，给出解决方案。同时，针对顾客的投诉，定位和分析引起顾客投诉的主要原因，对症下药，从而减少顾客投诉，提高顾客满意度。

2. 对实体店取货便捷的修补建议

实体店取货的便捷可以从两个方面提高。一是取货时间。生鲜农产品电商企业可以在网站和手机 App 订购页面添加预计提货时间选项，让顾客选择最佳取货时间调整物流配送策略。生鲜农产品电商企业尽可能在顾客集中的区域布局实体店，或与社区生鲜店建立合作关系，让顾客实现就近取货。同时线下门店也要注重门店的卫生和服务质量，提供干净舒适的购物环境，为顾客提供更好的消费体验。

（三）维持区顾客满意度提升策略

落入维持区的满意度影响因素是配送完整性、配送及时性，这些因素需继续维持，并努力向优势区发展。

当顾客从线上到线下购买生鲜农产品时，会担心由于物流配送不及时，生鲜农产品的新鲜度大大降低，甚至出现生鲜农产品变质的问题。因此，完善的物流配送体系是生鲜农产品电商企业吸引顾客的有力支撑。生鲜农产品电商企业应建设健全的物流配送服务网络，以提升物流配送服务的安全性和可靠性。同时，由于冷链物流在中国尚处于初级发展阶段，生鲜农产品电商企业应积极引入和完善冷链物流设备，采用现代冷链保鲜技术，努力保持生鲜农产品的新鲜度和完整性。

（四）总体满意度提升启示

在生鲜农产品电商顾客满意度模型中，顾客期望对顾客满意度的直接影响是通过顾客对生鲜农产品电商企业所提供的服务来感知的。因此，生鲜农产品电商企业不但要注意保障顾客对服务的良好体验，更要注意满足顾客对生鲜农产品的追求。生鲜农产品电商企业应在企业战略规划中注重提高顾客满意度，最大限度地提高顾客满意度。

1. 生鲜农产品电商企业要关注顾客的期望。顾客对生鲜农产品的期望是一个动态的主观变量因素，会随着时间的变化和服务水平的提高而增加或减少。因此，生鲜农产品电商企业应该分析顾客的心理，关注顾客对生鲜农产品期望的变化。另外，顾客对服务质量提升的期待占有相当大的比例，生鲜农产品电商企业要通过塑造企业形象、品牌形象等来影响顾客对服务质量提升的期望。

2. 生鲜农产品电商企业应定期调研行业市场现状、编撰行业专题研究报告等，适时做出合理的战略规划。生鲜农产品电商企业可以从行业、消费行为调研中获取精准的顾客需求信息，明确顾客满意因素和不满意因素，进而适时调整服务策略，有效降低顾客不满意度和防止顾客流失。

第 九 章

生鲜农产品电商与传统流通体系
融合发展的建议

　　本章对中国生鲜农产品电商与传统流通体系的融合发展提出对策建议。一是从产品生产、加工销售、物流、线下合作伙伴选择、利益分配、消费体验等方面提出了生鲜农产品电商线上线下提升的建议，二是从冷链建设、产销对接、物流设施、质量监管等方面提出了生鲜农产品电商与传统流通体系融合发展的优化策略。

第一节　提高物流效率和服务水平

　　生鲜农产品对物流的要求非常高。目前生鲜农产品电商企业一般是与物流第三方合作，解决物流问题。但是国内很少有从事全程冷链的物流企业，特别是对于"最后一公里"的配送，物流企业很难保证真正的冷链运输。对此，生鲜农产品电商企业采取了很多措施进行解决。部分生鲜农产品电商企业采用了自营物流的方式，该方式可以更及时准确地为顾客提供服务，减少商品运输中的损耗，生鲜农产品的保鲜效果也好。但是，由于自营物流需要投入大量的资金和人力，运营风险增大，且单独一家电商企业自办物流不具备规模效益。另外，生鲜农产品带有季节性，在销售旺季物流会超负荷运转，服务质量下降；而淡季物流会闲置，影响资金使用效率。因此，大多数的生鲜农产品电商企业采用了委托第三方物流企业的方式解决物流问题。第三方物流企业具可以提供专业服务，将物流业务委托给第三方也分散了运营风险，降低了运营成本。但是，由于生鲜农产品电商企业对第三方物流企业的控制力度不够，容易导致顾客满意度降低、过度依赖第三方物流企业等问题。

为了解决物流问题，生鲜农产品电商企业可以采取以下措施提高物流效率和服务水平。

（1）采用共同配送的方式。从产地汇聚不同生鲜农产品电商企业的需求，分区域统一进行配送，以降低产地物流的成本。在物流的瓶颈环节和其他生鲜农产品电商企业共建自提点。例如，在某社区附近的便利连锁店内，几家生鲜农产品电商企业合作设置自提柜，降低企业成本的同时提高设备的使用率。

（2）改进线下自提点。生鲜农产品电商企业与社区便利店协商解决自提点的建设问题，例如利用社区便利店的冷藏设备解决自提点无法实现冷藏储存的问题；或者设立带有冷藏设备的自提柜，解决由自提点条件导致的生鲜农产品质量和消费体验的问题。

（3）加强第三方物流的建设，特别是专业物流公司的冷链建设。目前中国已经出现了许多物流企业，且企业之间的竞争非常激烈。然而，第三方物流企业的专业程度低、管理水平低，服务无法满足顾客的需求。第三方物流建设应该发展有特色的物流服务，特别是生鲜农产品的全程冷链服务。一是提高管理水平。管理水平是物流企业的核心竞争力，是高质量冷链物流的基础。中国物流企业应提升供应链的整合能力、新技术的应用能力，重点要推广信息化，通过提高运输的效率，降低相应成本。二是加快标准化建设。生鲜农产品的冷链物流是从生产源头一直持续到销售环节，各个环节紧密联系在一起，每个环节出现问题都会导致产品质量大打折扣。所以要加快整合生鲜农产品冷链物流上下游的产业，集中共同发展，加快其标准化、国际化发展。

第二节　优化电商对线下实体店的选择

在完成生鲜农产品配送的"最后一公里"环节上，有些生鲜农产品电商选择了和线下实体店合作的方式提供服务。生鲜农产品电商在选择线下实体店时应注意以下几个方面的问题。

（1）实体店的品牌和知名度。目前国内主要城市都有地区性的便利实体连锁店，生鲜农产品电商选择和这样的实体店合作具有很大的优势。首先，实体连锁店和生鲜农产品电商具有相似的顾客群体，这些实体连锁店也是生鲜农产品电商的理想配送点。其次，实体连锁店有规范的服务和完善的设备，可以提供规范化和标准化的服务。最后，实体连锁店的配送会让顾客对产品质量和服务质量产生良好的感知。

（2）实体店的管理难度。大品牌的便利店或者连锁超市往往合作起来难度比较大，生鲜农产品电商谈判的话语权较低，如何协调与实体店的关系是一个需要考虑的问题。此外，在同一个区域不同实体店之间会有竞争，或者同一个实体店和某个生鲜农产品电商合作的同时又和另一个电商合作，协调这方面的关系也具有相当的难度。

（3）实体店库存的实时管理。实体店库存的实时管理对于生鲜农产品电商来说非常重要，商品库存信息是否能及时反映到电商平台、库存不足是否能够很快进行补货、库存过剩如何调整等都需要生鲜农产品电商和实体店进行协调做出相关规定。而在实际操作中，由于流程复杂、人员不足、更新数据不及时等情况的发生，库存数据反馈到生鲜农产品电商平台往往不及时，增加了实体店库存管理的难度。

（4）社区便利店的配送服务人员。与社区便利店合作的模式中，有的社区便利店只有2—3名员工，在订单多的时候无法及时配送。另外，社区便利店一般是积攒了一些订单后一次性逐一配送，而生鲜农产品的配送滞后会影响其质量。

（5）实体店对生鲜农产品电商活动的支持。生鲜农产品电商需要利用线下平台和顾客进行沟通，宣传自己的品牌以及组织线下地推活动。如果和实体店进行合作，要考虑实体店是否会在做推广活动时予以配合，以及实体店对生鲜农产品电商渠道销售的支持力度。如果实体店对于生鲜农产品电商活动的配合程度低，电商将会失去一个重要的推广平台。

（6）生鲜农产品电商与线下实体店的利益分配。生鲜农产品电商与线下实体店的利益分配是双方合作的前提和基础，合理的分配利益不仅可以维持双方长久的合作关系，还可以提高双方的合作效率，从而使合作的收益更大，形成良性循环。在生鲜农产品电商与线下实体店的合作过程中，线下实体店主要是追求新的利润增长点。如果得不到合理的收益，线下实体店会终止与生鲜农产品电商的合作。电商平台整合线下实体店资源的模式中，生鲜农产品电商需要建立良好的激励机制，目前通常是线下实体店每次送货收取一定的配送费用作为其收益。但由于面临十分激烈的价格竞争，生鲜农产品电商有时会制定低于成本的价格，此时如果把配送费用全部分配给线下实体店，则会造成损失。另外，对电商的服务体验很大程度上取决于配送服务，如果线下实体店没有很好地提供服务，将会影响顾客满意度。所以，更好的解决方式是将配送费用进行分成，线下实体店、配送人员、生鲜农产品电商平台各获得部分收益。这样既保证了线下实体店的收益水平，又可以建立线下实体店收益和销售额之间的联系，配送人员也有更高的积极性提供优质服务。作为补充，生鲜农产品电商还可以在平台上帮助线下实体店销售商品、宣传线下实体店的促销活动，用这种方式拉近和线下实体店的关系。

第三节　提升用户体验

用户体验是指用户在使用产品或服务过程中所感受到的一切，包括产品或服务的易用性、可靠性、效率、舒适度、便捷性等方面。良好的用户体验能够提高用户忠诚度、增加用户贡献度，并且帮助企业树立品牌形象和口碑。在竞争激烈的市场中，用户体验已经成为企业不可或缺的核心竞争力之一。在生鲜农产品电商与传统流通体系的融合发展中，良好的用户体验能够提高用户对生鲜农产品电商的满意度，增加用户对生鲜农产品电商的信任感和忠诚度。

一　加强生鲜农产品质量安全和标准化建设

根据生鲜农产品电商大数据平台对生鲜农产品用户刻画的"肖像画"，用户已经逐渐适应生鲜农产品电商线上线下融合发展的模式，发展生鲜农产品电商模式成为提高中国农产品质量、实现生鲜农产品质量标准化的重要途径。也正因为如此，生鲜农产品质量安全问题成了用户最为关注的焦点之一。因此，加强生鲜农产品质量安全和标准化建设对促进生鲜农产品电商持续健康发展意义重大，应从以下两个方面入手。一是加强生鲜农产品的质量安全和追溯系统管理。积极引用国际现有成熟标准规范，开展和完成中国生鲜农产品追溯的专项立法工作，完善和创新生鲜农产品追溯体制和机制。确立基于追溯平台的产地准出与市场准入衔接机制，完善生鲜农产品质量安全问题的应对机制。二是推进生鲜农产品生产标准化建设，制定不同生鲜农产品分级分类标准，利用各类农产品电子商务平台在销售数据和用户评价信息收集上的优势，助推上游农产品标准化生产。

二　优化产销对接

生鲜农产品产销对接是促进生鲜农产品供需平衡、优化农业生产结构、提高生鲜农产品供给质量、增加农民收益的重要途径。因此，要加强生鲜农产品流通市场建设，完善运行机制，优化农户和市场的对接渠道、丰富对接方式，可以从以下两个方面入手。一是搭建对接平台，畅通产销对接渠道。组织开展对接会、展览会、交易会、洽谈会、网上对接等各类形式的产销对接活动，搭建线上线下产销对接平台，组织农产品生产和流通主体交流衔接。农产品主产区应根据产品销售需要到销区举办各类宣介推广活动，提升本地优质农产品品牌知名度，拓展农产品外销渠道。销区应根据本地农产品消费需求，组织流通主体到农产品主产区联系采购，稳定供货渠道和货源，保障市场供应。二是发展农商互联，构建产销稳定衔接机制。推动生鲜农产品流通企业与新型农业经营主体通过订单农业、产销一体、股权合作等模式实现全面、深入、精准对接，在做好产品采购的同时，加强农产品种植养殖、加工、仓储物流等投资项目的对接，发展农批、农超、农社、农企、农校、农餐等各类产销对接形式，引导农业生产按照市场需求调整、优化产业和产品结构，采用先进生产加工流通技术，打造产销稳定衔接、利益紧密联结的农产品全产业链条。

三　提高用户场景化消费体验

场景化体验即用户在当前场景下所期望的、许可的体验，也是以用户需求为中心，通过多种渠道与用户持续互动，把握他们的消费习惯及生活方式，以迎合用户消费升级差异化需求的销售模式。随着用户潜在消费需求的日益增长，生鲜农产品电商的基础设施、产品、技术和数据应用等都将面临迭代，围绕用户场景化消费体验演变，用户品质化、个性化的消费需求都将得到更好满足。营造更好的消费场景是新零售模式重要的发展方向之一，打造舒适多元化消费场景成了维系商家和用户关系的重要手段。所以，生鲜农产品电商要在构建消费体验场景过程中，努力将用户流量从线上引至线下，用贴心的服务实现用户沉淀，使其成为忠诚的客户。提高用户场景化消费体验可以从以下三个方面入手。一是利用有场景的内容吸引用户。简单来说，就是将场景融入用户的生活，例如传统的生鲜门店会将当天最新的蔬菜摆在店面中，供顾客挑选，同时引导顾客 App 或微信公众号、小程序选购商品。又如，小程序运营人员可以推出季节性的蔬菜专题文章，还可以结合公众号来做内容运营，将小程序和公众号配合打"组合拳"，将内容场景和直接购买连接在一起，减少用户的购买决策时间。二是造差异化产品，为用户提供更为精准的服务。除了有效进行运营工作，更重要的是要打造差异化产品，突出生鲜农产品的特色。运营人员在打造场景时，应该把重点放在用户身上，让用户可以通过某一个特色场景记住生鲜农产品。三是吸收用户反馈，让场景变得更加真实。用户反馈是生鲜农产品电商线上线下融合发展的一个催化剂，要想充分吸收用户的反馈，生鲜农产品电商需要设计多个获取反馈的渠道。例如，可以通过订单评价、客服功能留言等渠道获得用户的反馈，同时可以通过评价送优惠券、送红包等一系列的运营手段收集用户反馈。

第 十 章

典型案例

本章对生商农产品电商与传统流通体系的融合发展进行了案例研究，以盒马鲜生和京东到家为例对中国生鲜农产品O2O进行了调研，分析了它们线上线下融合发展的现状、存在问题和未来发展方向。

第一节 盒马鲜生

盒马鲜生隶属于阿里巴巴集团，是一家"线上＋线下＋物流"的新型零售生鲜超市。实现线上线下一体化运营，为顾客提供数字化场景消费体验。2016年1月，盒马鲜生成立，同年2月，其首家门店上海金桥店在上海开业。2019年9月，盒马鲜生拥有171家门店，门店数量同比增长167%，覆盖全国22个一线、二线城市。盒马鲜生的总SKU超过5000个，目前生鲜产品及销售占比超过50%，能够满足客户的多元化需求。截至2021年5月，盒马鲜生在全国范围内已有约220家门店。① 盒马鲜先搭建起了一个集超市、餐饮、菜市场、配送物流于一体的新零售体系，目前盒马鲜生正依托现有业务经验和技术优势，不断深化线下和线下渠道融合，积极探索新的发展模式，满足市场和消费者的新发展需求。

一 盒马鲜生店铺简介

盒马鲜生是一家涵盖生鲜农产品和餐饮体验服务的生鲜店。它是中

---

① 赢商网：《阿里巴巴2020财年第三季度财报》，http://news.winshang.com/html/066/9377.html。

国第一家支付宝会员生鲜店，销售 103 个国家的 3000 多种商品。盒马鲜生主要经营生鲜商品，分为果蔬区、熟食区、冷冻水产品区和乳制品区。所有商品均以标准化方式销售，同类商品统一包装，统一价格销售。线上主要为 App 下单，提供"五公里范围，30 分钟送达"的快速物流配送。线下门店以"生鲜超市 + 餐饮体验"为主，如图 10.1 所示。超市设有生鲜加工区和就餐区，只需缴纳一定的加工费，即可享受现场加工的待遇。此外，用餐区还设有水吧、烧烤等小吃窗口。盒马鲜生以实体店为核心，采用"线上电商 + 线下门店"的商业模式，门店承载新零售模式的功能，整合线上线下融合、"零售 + 体验式消费"、"零售 + 产业生态链"三大功能。

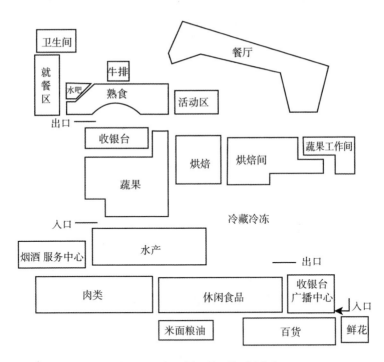

图 10.1　盒马鲜生线下门店图示

资料来源：腾讯网：《从供应链看盒马、宜家、淘宝电商的店面布局和设计》，https：//
new. qq. com/rain/a/20211107A07T0300。

二　盒马鲜生智慧物流体系

作为一家专注于生鲜农产品的超市，盒马鲜生面向线上用户和线下用户。盒马鲜生的供应链和传统零售最大的不同之处在于，数字化网络完全覆盖了从物资供应端到消费终端的所有环节，充分利用了大数据、移动网络、智慧物联网、智能化建筑等信息技术与先进设备。

盒马鲜生的供应链采用一套分散的分布式性能网络。生鲜农产品先从基地配送到大仓库，再由大仓配送到门店，可有效降低物流成本。盒马鲜生的供应链是高度智能化的全数字供应链，具备了算法驱动的核心能力，可以实现在30分钟内迅速响应配送要求。盒马的采购、加工、物流配送和终端营销是全面数字化的，作业人员也通过智能设备实现了识别和运算，简单快捷，错误率极低。盒马鲜生实施店仓一体化战略，整个体系包括前台和后台。用户下单后10分钟内完成商品分类和打包工作，或于20分钟内送货上门。盒马鲜生供应链如图10.2所示。

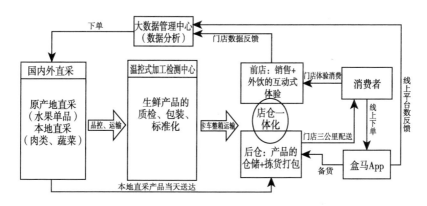

图10.2 盒马鲜生供应链

（1）原产地直采与智能配送中心

盒马鲜生的商品采购主要采用产地直采，包括从全国各地和世界其他地区采购优质产品。盒马鲜生选择质量最好的货源，直接从产地购买，经过多道质检工序，确保商品符合国家和行业相关标准。例如，盒马鲜生与当地农业合作社合作，建立生鲜农产品基地，并对相关供应商提出了严格的品类要求和质量标准，并派出技术专家进行指导和监督。生产或采购的生鲜农产品集中在生鲜基地，按照订单配送到相应的配送中心储存。

在区域配送方面，盒马鲜生采用从DC仓库到终端门店的配送模式，建立智能配送中心，主要功能包括温控入库、加工检测和数据调度。

　　盒马加工检测系统主要是为生鲜农产品提供仓储和加工服务，保证生鲜农产品的品质，提高产品的溢价能力。盒马鲜生加工检测流程如图10.3所示，包括：①收货验收，主要是指供应商提供的生鲜农产品在收货前的暂存和检验。②成品加工，主要对生鲜农产品进行加工，以方便其运输和销售。③智能温控仓储，实行智能多层温控管理。④自动化分拣，利用射频识别技术和智能分拣设备，根据订单从温控存储区收集汇总商品，形成订单包，送往加工区进行再加工作业。⑤装配检测，对加工好的生鲜农产品进行再次包装称重，登记信息，同时对加工好的生鲜农产品进行检验。不合格产品要及时处理，严禁进入终端销售。如果检测合格，货物将进入临时储存区等待发货。⑥出库配送，通过专业的冷链运输工具，将货物装车运输到终端门店销售。通过以上六个流程，生鲜农产品完成了入库、控温储存、加工、检测、发货等环节，所有环节的运行都会形成数据并上传至盒马鲜生的数据处理调度中心，一方面进行实时监控，另一方面作为可追溯性信息进行存储。

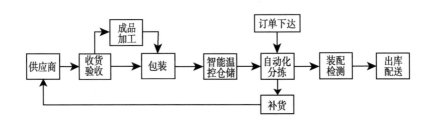

图10.3　盒马鲜生加工检测流程

（2）智能终端服务体系

　　盒马鲜生选择自建物流团队进行终端配送，实行店仓一体化，承诺30分钟内将商品送达店铺3公里范围内的顾客手中。在保证商品质量的前提下，能够实现如此快速的配送，得益于盒马的智能绩效终端配送系统，该系统分为智能绩效采集算法、智能店仓作业和数字化订单补货三部分。

　　①智能绩效采集算法

　　收集交付订单并计算最佳路线是盒马鲜生性能模块设计的核心能力

之一。盒马鲜生把每个店铺涉及的配送区域分成几块，当订单数量达到一定量时，后台数据会通过 POI 层精准收集订单来计算绩效计划，自动预测订单的交付和配送路线，通过路由算法重新组织批量任务输出，利用数字化能力提高终端配送效率。例如，盒马鲜生的日均订单量为 5000单，如果将其配送范围划分为 6 个区域，每个区域的日均订单量为 833单，每天配送时间为 14 小时，那么每个区域每小时的订单量为 60 单。为了达到这样的单一数量，当然可以收集订单并交付，从而提高配送效率。

②智能店仓作业

盒马鲜生实行店仓一体化的策略，商店也是仓库。顾客下单后，订单会传递到其配送范围内的门店，并发送给相应摊位的理货人员，理货人员将在 3 分钟内选择 1 个订单。为了节省拣货时间，盒马鲜生销售的商品主要是标准化商品，也就是不需要称重（有些生鲜的除了数量以外都需要称重）和切割。

传统上，由于拣货员负责拣货整单，重复路线往往需要更多的时间，而盒马鲜生自动将每个订单拆分到相应的摊位，这样拣货员只需拣出这个摊位的商品。运输采用输送带机械合流，智能调度系统规划门店在线订单分拣和移线、订单拆分合并以及配送路径规划。拣货员只需在某个区域行走，对货物的位置和情况更加熟悉，进一步节省了时间。而悬挂链则是盒马鲜生的独特设计，在店铺上方围绕四周有一圈悬挂链，当拣货员将属于自己的订单拣货后，商品被挂上悬挂链，传送带送至后台，后方通过流水线送至柜台理货员打包核验每一笔订单，核验后送至配送中心，再送至配送员手中，最终到达顾客的手上。这一系列设计，以及大数据分析和自动扫描分配系统有效地保障了 30 分钟内送达的目标。

③数字化订单补货系统

自动下单、数字化快速补货是盒马对自身智能供应链设计的基本要求。盒马鲜生依托阿里巴巴的资金支持，传承其强大的用户数据收集能力、线上商品品类管理能力和支付能力。盒马鲜生实行会员制购物。无论是线上购买还是线下购物，顾客均需要下载盒马鲜生 App，并将其与支付宝账户联系，才能完成购买行为。店内有大量的自助智能终端，可以最大限度地收集顾客的购买数据，通过线上线下的流量、区域用户的购买偏好以及购买记录，数字化的订单补货。

同时，盒马鲜生通过自主开发的智能补货系统监控产品库存，并实时监测商品销售状况。店员的管理工作完全依靠手提数字机的指示，数据为引导及补货操作提供了高效率。操作员设置货物的当前总货舱容量和货舱警告值，当库存低于设定的预警值时，系统会自动向配送中心发送订单，自动送达门店，实现自动补货。

从盒马鲜生的门店管理和终端配送可以看出，每个环节都实现了数字化运营。通过算法优化智能收单和订单配送，优化配送的交通路线，在一定程度上有助于缓解城市的交通压力；智能店仓作业可以更高效地分拣货物，提高货物的配送效率；数字化订单补货可以帮助门店精准销售，确保及时满足顾客的需求。

四 盒马鲜生 O2O 模式的优势和劣势

（一）优势

1. 物流体系强大，打通供应链全链路

物流是生鲜电商竞争力构成的重要因素，由于生鲜产品的特性，配送时长不仅可能会影响商品送至客户时的新鲜度，更重要的是会影响产品的折损率，从而会影响企业的配送成本。盒马鲜生的"前店后仓"模式以及全自动的物流体系则可以实现短距离的快速配送，并能在一定程度上减少商品的折损率。在其他生鲜电商 1 小时送达的大环境中，盒马鲜生"3 公里内 30 分钟送达"的配送能力帮助其迅速脱颖而出成为业内的标杆。供应链，毫无疑问是生鲜零售最核心的部分。盒马鲜生依托阿里强大的生鲜供应链资源优势，建立产地/工厂直发门店的供应链体系，以此保证商品的质量、价格优势，并获得更大的毛利空间。另外，盒马鲜生通过"餐饮+超市"的线下实体店延伸了产业链。盒马鲜生的线下实体店以提升客户体验为主，将超市、餐饮、仓储、物流等功能集于一体，打造"一店二仓五中心"的经营体系，即以实体店为中心，建立前端的消费区和后端的仓储区，同时门店还承载餐饮、超市、物流、客户体验及粉丝运营管理五大功能。通过多场景的服务满足客户的消费需求，提高客户的到店率和留存率，同时通过提升客户的线下体验来提高线上销售率。

2. 多种业态的业务模式扩充覆盖人群

随着盒马鲜生主要模式的日益成熟及生鲜市场需求的不断扩大，盒马鲜生不断尝试拓展新的发展业态，针对不同的场景采取不同的业务模式，从广度上扩大覆盖人群，从深度上提高服务效率，努力在竞争激烈的生鲜电商中抢占市场份额。目前，盒马鲜生已经布局了盒马F2、盒马菜市、盒小马、盒马mini等新型业态，将客群从盒马鲜生的一二线中高端城市拓展到了更多的三四线城市，根据不同商圈、不同场景、不同消费人群的特点采取不同的业态模式以满足客户的多样化需求。

3. 科技赋能的运营模式拥有先天优势

盒马鲜生将自己定义为以数据和技术驱动的新零售平台，依托阿里大平台，盒马鲜生在大数据、人工智能等新技术研发及应用方面具有先天优势，智能操作系统、智能结账系统、自动化配送系统等的开发和运用在提高门店运营效率、降低成本的同时，也可以提升客户体验，提高客户留存率。

在客户数据的搜集上，阿里体系的数据协同及共享也为盒马鲜生提供了其他平台无法比拟的优势。盒马鲜生线上线下相融合的发展方式进一步激活了阿里系的用户数据，通过技术和模型刻画用户画像、分析用户的消费习惯、消费偏好等行为模式，根据用户的具体需求打造"爆品"，灵活调整线下商品库存及陈列，从而实现精准营销、以销定产。

（二）劣势

1. 成本端竞争力差

盒马鲜生"前店后仓"的经营模式虽然能够有效地保证近距离的快速配送，但仓储面积和配送人员都是有限的，这在一定程度上会对门店的订单处理能力产生限制。根据公开资料显示，盒马单店的线上订单处理量最多不超过5000单，这与美团买菜、京东到家等竞争对手相比相差甚远，如果订单大量涌来，有可能会造成无法及时履约的风险。虽然可以通过增开店铺来提高"盒区房"的覆盖密度，但是由于盒马鲜生的顾客定位，"核心商圈选址＋高额装修投入"导致了盒马鲜生高昂的固定成本投入，这也就导致盒马鲜生模式未能在成本端形成有效的竞争优势。

2. 配送成本高

在盒马鲜生配送环节，因为拣货成本、配送成本、人员管理成本无法随规模增加而降低，反而可能因订单规模过大超负荷，导致成本不降反升。另外，盒马鲜生的同城物流送货上门的配送成本较高，存在规模越大、单均履约成本反而增加的风险。

3. 生鲜类损耗无法降低

盒马鲜生模式设计的初衷是通过引入餐饮业态来降低门店生鲜损耗的目的。但从商业逻辑来讲，这很难实现。根本原因在于，生鲜零售和餐饮这两个业态在履约过程中，都存在各种产生损耗的不确定性，本身都是会产生损耗的商业模式。二者叠加，不仅不会产生损耗降低的效果，反而会相互牵制，这就导致更大的损耗。总的来说，未来盒马鲜生模式能否跑通市场，关键还在于盒马鲜生模式能否在履约成本和损耗上有效控制，达到单店收入规模的增加、覆盖成本上升的效果。

第二节　京东到家

一　京东到家简介

京东到家是京东集团最重要的 O2O 平台，其定位是本地生活服务，目标是整合各类商品，基于 LBS（Location Based Service）提供 3 公里范围内的超市、外卖、鲜花、美食、健康等上门服务，1—2 小时送达。京东到家是一个综合性的线上线下零售平台，在国内涉及多个领域。

京东到家与京东商城现有模式差异较大，是典型的 O2O 服务模式创新，对京东商城具有颠覆意义。从创意的产生到独立公司的运营，京东到家经历了近两年的时间。早在 2013 年 11 月，京东到家就开始打造O2O 的销售平台，从尝试与太原唐久便利店的线下合作开始，逐渐与上海、哈尔滨等城市的 11000 家便利店开展合作，线上线下融合发展经验日益丰富，发展模式逐渐成熟。2015 年，京东集团上线了"京东到家"的在线金融服务，覆盖了超市卖场商品到家、外卖到家、品质生活、上门售后服务、健康到家等相关行业，实现了搭建一体化服务平台的目标。同时，京东集团建立了自己的物流体系和众包物流，为各种物流业务提供了必要的支持，京东到家实现 2 小时内快速送达。

2017 年 4 月，京东集团推出了京东便利店计划，进一步整合了京东到家、京东超市等各种资源。到 2018 年年中，京东便利店已覆盖中国所有行政区域。此外，目前京东集团正在社区积极拓展京东母婴、京东电器等门店。由于其社区属性，其主要目的是服务社区，满足社区的购物体验。

截至 2019 年年底，京东集团已在中国运营超过 650 个仓库和 25 个智能"亚洲第一"大型物流中转中心，并投资运营全国首个 5G 智能物流园区，超过 90% 的自营订单可以在 24 小时内送达。目前京东集团的自营电商企业在国内遥遥领先，占据国内市场的半壁江山。从区域客户群、客户忠诚度和整体发展份额来看，虽然线上发展在增长，但线下零售无法替代。凭借卓越的物流配送能力、线上线下资源的融合以及便捷的本地配送服务，选择社区服务市场作为线上线下融合发展的起点，与便利店合作无疑是京东到家的最佳选择。

二　京东到家的运营模式

京东到家的运营模式是一种多元化的、数据驱动的、用户体验至上的模式，京东到家的运营模式有以下几个特点。

1. 多渠道销售

京东到家在销售渠道方面采用了多种方式，包括线上、线下、社区团购、门店扫码、自提等多种渠道。这种多渠道销售的模式可以提高京东到家的覆盖率，满足消费者多样化的购物需求。

2. 供应链优化

作为一家生鲜电商，京东到家必须保证商品的新鲜度和品质。为了实现这一目标，京东到家在供应链管理上下了大功夫。京东到家与农户、产地直接对接，采用预测式采购和仓储配送等手段，保证商品的供应链质量。

3. 数据驱动运营

京东到家在运营过程中，还采取了数据驱动的策略。京东到家通过数据分析，深入了解消费者需求和行为，不断调整和优化产品和服务，提升消费者体验。同时，京东到家也通过数据分析调整商品种类和价格，提高销售效率和盈利能力。

4. 与品牌厂商合作

京东到家和品牌厂商密切合作，共同推广商品和服务。京东到家通过打造品牌联盟和品牌直供渠道，吸引更多优质品牌入驻，提供更多选择给消费者。京东到家也通过与品牌厂商共同创新推广，提升品牌知名度和销售额。

5. 聚焦用户需求

京东到家始终聚焦用户需求，不断创新服务和产品。京东到家在推广自己的业务时，采用了人性化设计，在用户体验上做出了大量改进，提供更加便捷的购物体验。同时，京东到家不断听取用户反馈和意见，进行产品和服务的优化改进。

三 京东到家 O2O 战略整合——以永辉超市为例

永辉超市是国内第一家"由农转超"的超市，这让其在生鲜产品管理上具有优势。永辉超市在采购、供应、销售上有很大的比较优势，其生鲜采购体系见表 10.1。

表 10.1 永辉超市生鲜采购体系

采购方式	简述	优势	采购对象
基地采购	向农产品合作基地或自建基地进行订单采购	保证生鲜产品能够得到稳定的供应，且保证生鲜产品来源的安全性	大批量、易保存的基础商品，如香蕉、大米等
当地采购	主动寻找当地农户进行合作	简化生鲜产品流通环节，降低采购成本	当地特色、不易长时间保存的商品，如叶菜类
远程采购	在全国各地建立采购中心，与农户保持长期跟踪联系，拥有固定或季节性 30 多个远程采购点	打破了跨地区之间信息、路程的封闭，建立长期合作关系，培育了稳定的供应商	季节性、地方特色的农产品
批发市场采购	直接在各地农产品批发市场采购	采购效率提高，采购成本降低	当地农产品等

2015 年，永辉超市和京东集团建立长期战略协作伙伴关系，京东集团向永辉超市融资约 43.1 亿元，京东集团将拥有永辉超市约 10% 的股权。① 同年，永辉超市门店正式登录京东到家 App 开展 O2O 模式合作。永辉超市私募引入京东集团后，利用门店布局充分发挥线下优势，进而撬动京东线上平台的资源进行整合，实现永辉超市门店在各地的战略布局，实现资源整合。京东集团和众包物流达达合并后，为京东生鲜配送提供了更完善的配送服务保障，让顾客购买生鲜农产品更加轻松快捷。京东到家为在线永辉提供了强大的客流支持、及时的售后客服体系和强大的物流体系。

1. 永辉线下的生鲜优势和门店布局

首先，永辉超市采取了双重经营模式。永辉超市已与京东集团达成战略协议，以商业集群的理念按区域扩张门店。永辉超市的门店运营可以分为两种模式：红标店（大卖场、大卖场、社区店）和精品店（服务中高端消费者）。在京东集团的支持下，永辉超市开始大规模进入高端市场。可见，通过引入京东集团，永辉超市实现了门店扩张的内部价值链整合路径的第一步。

其次，永辉超市以生鲜农产品和加工产品为主。一般来说，生鲜农产品在零售超市中的营业收入占比较低，一般在 20% 左右，但永辉超市的生鲜农产品占其营业收入的 50% 左右。永辉超市依托自身优势，定位于生鲜差异化，以生鲜农产品及加工产品为核心业务，由于双方资源互补，永辉超市可以在此基础上整合内部价值链。

2. 借力京东平台获取线上资源

虽然永辉超市已经推出了线上"永辉微店" App，希望推动线上 O2O 的发展，但面对互联网巨头和知名大型外资超市，永辉超市很难在互联网上占据一席之地。作为互联网巨头之一，京东拥有 3000 多万注册用户，京东 App 拥有 2.4 亿活跃用户。

通过永辉超市与京东集团的合作，京东集团可以解决永辉的线上引流问题。永辉超市利用京东平台在价值链末端（即客户价值链）进行推

① 陈琳、李敏：《生鲜电商发展现状及本土化发展对策》，《农业网络信息》2016 年第 5 期。

广和销售，弥补其在互联网上的不足。

3. 线下门店布局和线上平台资源整合嵌入永辉超市价值链

从图10.4可以看出，永辉超市引入京东资本后的价值链整合过程如下：首先，永辉超市以京东的资本布局为支撑，扩大门店，实施京东战略模式的双重形式，通过红标店的布局面向大众消费市场，扩大精品店的覆盖。其次，在线上平台引流过程中，利用京东强大的线上资源进行订单交换，将订单转移到永辉超市线下门店，充分发挥其线下保鲜优势，将订单发送给中高端用户。可见，引入京东后，永辉超市整合了资源，嵌入了自己的价值链。

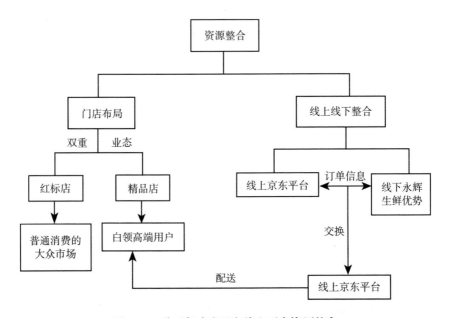

图10.4 线下门店布局和线上平台资源整合

综上所述，永辉超市引入京东集团作为战略投资者，影响了永辉超市未来的战略布局，京东资本通过战略协议获得更大的收益。京东集团参与决策，利用互联网思维制定O2O战略，然后融入永辉超市价值链，产生更大的耦合效益。

参考文献

陈锦标：《O2O 在中国未来发展趋势》，《计算机光盘软件与应用》2012 年第 22 期。

陈镜羽：《我国生鲜农产品电子商务企业发展成熟度研究》，《中国市场》2015 年第 11 期。

陈琳、李敏：《生鲜电商发展现状及本土化发展对策》，《农业网络信息》2016 年第 5 期。

陈修齐、林巧彬：《小微企业 O2O 平台微创新研究——基于"一米送"公司顾客满意度 SEM 模型》，《闽江学院学报》2015 年第 3 期。

程艳红：《美国生鲜电子商务模式研究》，《世界农业》2014 年第 8 期。

代莉、邓少灵：《基于结构方程的餐饮 O2O 客户满意度研究——以"饿了么"为例》，《电子商务》2016 年第 1 期。

丁菊玲：《生鲜农产品的电子商务运营模式分析与设计》，《福建电脑》2014 年第 11 期。

樊洪远：《我国 B2C 电子商务生鲜农产品冷链物流研究》，《安徽农业科学》2014 年第 22 期。

范人胜、杜红涛、周丹、吴洪、陈俊、何勇：《一种基于进化算法的银行网点选址求解方法》，《现代计算机》2020 年第 33 期。

方艳丽：《O2O 电子商务新模式的浅析》，《无线互联科技》2013 年第 6 期。

冯圆梦、王虹、张晓健：《生鲜 O2O 模式下顾客满意度影响因素研究——以百果园为例》，《中国林业经济》2019 年第 6 期。

符志民：《企业风险管理成熟度评价（上）》，《中国航天》2009 年第 4 期。

郭伏、王红梅、罗丁：《城市物流配送系统的多目标优化 LRP 模型研究》，《工业工程与管理》2005 年第 5 期。

郭馨梅、张健丽：《我国零售业线上线下融合发展的主要模式及对策分析》，《北京工商大学学报》（社会科学版）2014 年第 5 期。

胡冰川：《生鲜农产品的电子商务发展与趋势分析》，《农村金融研究》2013 年第 8 期。

黄致远：《基于智能仓储物流的全链条管理实践探析》，《中国物流与采购》2020 年第 23 期。

姜奇平：《O2O 商业模式剖析》，《互联网周刊》2011 年第 19 期。

李锋、魏莹：《易腐货物配送中时变车辆路径问题的优化算法》，《系统工程学报》2010 年第 4 期。

李虎：《浅析电子商务 O2O》，《商品与质量·科学理论》2011 年第 8 期。

李季芳：《我国生鲜农产品供应链管理思考》，《中国流通经济》2007 年第 1 期。

李蓉：《生鲜农产品城市配送运作模式研究》，《惠州学院学报》2021 年第 1 期。

李勇坚：《疫情中生鲜电商的机遇、问题与对策：在线新经济视角》，《统一战线学研究》2020 年第 3 期。

李源、李静：《"互联网＋"背景下生鲜农产品 O2O 电商模式与改进策略》，《商业经济研究》2020 年第 20 期。

李作聚：《生鲜电商冷链物流发展模式、问题与思路》，《中国物流与采购》2013 年第 24 期。

刘璨利、樊相宇：《基于 AHP 的 O2O 本地服务顾客满意度分析》，《商场现代化》2015 年第 22 期。

刘静：《基于 O2O 模式的零售企业渠道变革》，《企业导报》2014 年第 17 期。

刘强德、白贺兰、秦春林、马海霞、杨城：《电商用户规模递增下果蔬生鲜类农产品 O2O 模式博弈研究》，《生产力研究》2020 年第 9 期。

刘燕：《生鲜农产品社区电商供应链运作模式研究》，《商业经济研究》2021 年第 4 期。

刘杨青：《电子商务环境下生鲜农产品配送模式研究发展现状》，《物流工程与管理》2014 年第 2 期。

刘祥希：《区块链技术视角下生鲜食品冷链物流的发展模式及其策略研究》，《物流工程与管理》2021 年第 5 期。

陆宁云、何克磊、姜斌：《一种基于贝叶斯网络的故障预测方法》，《东南大学学报》2012 年第 1 期。

吕春燕：《基于社区 O2O 的河源生鲜农产品电商模式研究》，《知识经济》2019 年第 30 期。

马德仲、周真、于晓洋：《基于模糊概率的多状态贝叶斯网络可靠性分析》，《系统工程与电子技术》2012 年第 12 期。

马云峰、杨超、张敏、郝春艳：《基于时间满意的最大覆盖选址问题》，《中国管理科学》2006 年第 2 期。

欧伟强、沈庆琼：《我国生鲜电商 O2O 模式发展探析》，《宁德师范学院学报》（哲学社会科学版）2014 年第 3 期。

浦悦：《大数据背景下 JIT 配送在生鲜物流中的应用探究》，《物流工程与管理》2019 年第 9 期。

秦颐、郭英立：《我国生鲜农产品物流模式和发展建议》，《商场现代化》2008 年第 24 期。

冉红艳、仇一然、董雅诗、杨芳明：《基于 O2O 模式的生鲜电商发展研究》，《营销界》2020 年第 35 期。

宿丽霞、吴迪、李萌萌：《物流企业跨界 O2O 的运营模式探析》，《物流技术》2015 年第 3 期。

谭江涛、黄丽婷：《餐饮业顾客满意度指数模型的实证研究——基于大学饮食服务中心的实地调研》，《兰州商学院学报》2014 年第 1 期。

汤晓丹：《生鲜农产品电子商务企业为核心的供应链管理研究——以沱沱工社为例》，《物流科技》2015 年第 11 期。

唐贵伍、王慧：《我国电子商务 O2O 模式发展战略分析》，《商业时代》2014 年第 33 期。

田军、邹沁、汪应洛：《政府应急管理能力成熟度评估研究》，《管理科学学报》2014 年第 11 期。

田宇、但斌、刘墨林、马崧萱：《保鲜投入影响需求的社区生鲜 O2O 模式选择与协调研究》，《中国管理科学》2021 年第 12 期。

汪寿阳、赵秋红、夏国平：《集成物流管理系统中定位——运输路线安排问题的研究》，《管理科学学报》2000 年第 2 期。

汪旭晖、张其林：《基于线上线下融合的农产品流通模式研究——农产品 O2O 框架及趋势》，《北京工商大学学报》（社会科学版）2014 年第 3 期。

王昳：《对于我国生鲜电商发展的建议》，《商业研究》2014 年第 18 期。

王红玲、郑纲、何剑锋：《基于改进粒子群算法的生鲜农产品配送路径优化研究》，《安徽农业科学》2010 年第 31 期。

王婧、袁丽、刘元璋：《浅议将项目管理成熟度模型引入建筑业企业资质评定》，《价值工程》2012 年第 25 期。

王敏浩、朱一青、朱耿、朱占峰：《生鲜农产品电商物流运输多目标优化》，《物流技术》2020 年第 5 期。

王娜：《电子商务中的 O2O 模式》，《山东行政学院学报》2012 年第 120 期。

王艳玮、王拖拖、常莹莹：《生鲜农产品网上超市物流配送模式选择研究》，《经济与管理》2013 年第 4 期。

王樱洁、刘禹恒、马莉：《外卖 O2O 平台的顾客满意度及价格弹性探究——基于西南财经大学抽样调查数据》，《市场论坛》2015 年第 4 期。

王莹：《达达—京东到家的众包物流模式研究》，《创新》2018 年第 5 期。

王志国：《云物流下生鲜农产品物流模式优化及资源整合研究》，《物流科技》2020 年第 12 期。

魏玲玲：《生鲜农产品物流供应链模式研究》，《农场经济管理》2020 年第 10 期。

吴廷映、任亚婷、周支立：《仓库容量选择的两阶段设施选址问题研究》，《上海大学学报》（自然科学版）2021 年第 12 期。

吴勇、马良：《当前我国生鲜电商的发展模式与定价研究》，《武汉轻工大学学报》2014 年第 3 期。

吴芝新：《简析 O2O 电子商务模式》，《重庆科技学院学报》（社会科学版）2012 年第 13 期。

五百井俊宏、李忠富：《项目管理成熟度模型（PMMM）研究与应用》，

《工程管理学报》2004 年第 2 期。

肖建华、王飞、白焕新、李永开：《基于非等覆盖半径的生鲜农产品配送中心选址》，《系统工程学报》2015 年第 3 期。

闫妍、刘晓、庄新田、陈休晔：《基于弹性供应链的易腐品物流配送计划》，《系统管理学报》2012 年第 2 期。

颜丽丽、范林榜：《AHP 在冷链物流企业投资价值分析中的应用——基于战略分析的视角》，《物流科技》2021 年第 7 期。

杨浩雄、黎宏、杜巍、张浩：《基于两级配送的易腐乳品配送中心选址研究》，《计算机工程与应用》2015 年第 23 期。

杨浩雄、田亚珍：《我国生鲜农产品流通优化模式研究》，《广东农业科学》2012 年第 13 期。

杨俊峰：《生鲜农产品电子商务配送模式及优化策略》，《物流技术》2014 年第 23 期。

杨珺、王玲、郑娜、杨超：《多用途易腐物品配送中心选址问题研究》，《中国管理科学》2011 年第 1 期。

杨柳、翟辉、冼至劲：《生鲜产品的 O2O 模式探讨》，《物流技术》2015 年第 3 期。

杨维霞：《基于移动社群的生鲜农产品供应链模式探析》，《江西农业学报》2020 年第 11 期。

杨晓芳、姚宇、付强：《基于新鲜度的冷链物流配送多目标优化模型》，《计算机应用研究》2016 年第 4 期。

叶炎珠：《基于 O2O 平台的移动生鲜电商运营模式分析》，《现代商业》2020 年第 3 期。

殷亚、张惠珍：《易腐生鲜货品车辆路径问题的改进混合蝙蝠算法》，《计算机应用》2017 年第 12 期。

于丽娟、刘成铭：《O2O 模式下外卖订餐的顾客满意度评价指标体系构建》，《经营与管理》2015 年第 11 期。

张陈勇：《盒马鲜生：零售新物种》，《时代经贸》2016 年第 20 期。

张康：《生鲜农产品网购选择的影响因素》，《农家科技中旬刊》2017 年第 6 期。

张晓楠、范厚明、李剑锋：《变动补偿的多模糊选址——路径机会约束模型及算法》,《系统工程理论与实践》2016 年第 2 期。

张旭梅、梁晓云、陈旭、邓振华:《生鲜电商 O2O 商业模式实现路径》,《西北农林科技大学学报》(社会科学版) 2019 年第 2 期。

赵佳虹、丁宏飞、胡鹏:《基于环境风险控制的危险废物选址——路径问题研究》,《公路交通科技》2015 年第 3 期。

赵梅:《电子商务环境下生鲜农产品冷链物流现状分析及优化研究》,《现代农业研究》2020 年第 7 期。

赵文颉、姬雄华:《O2O 电子商务模式下顾客满意度分析》,《经营管理者》2013 年第 30 期。

曾庆成、杨忠振、蒋永雷:《配送中心选址与车辆路径一体优化模型与算法》,《武汉理工大学学报》(交通科学与工程版) 2009 年第 2 期。

周国华、彭波:《基于贝叶斯网络的建设项目质量管理风险因素分析——以京沪高速铁路建设项目为例》,《中国软科学》2009 年第 9 期。

周海琴、张才明:《我国农村电子商务发展关键要素分析》,《中国信息界》2012 年第 1 期。

周利星:《基于顾客感知价值的社区生鲜 O2O 购买意愿研究》,《河南工程学院学报》(社会科学版) 2021 年第 1 期。

朱春莹、蒋守渭:《基于电子商务的百果园营销策略研究——以金华市区为例》,《现代商业》2015 年第 31 期。

Badurdeen F., Shuaib M., Wijekoon K., et al., "Quantitative Modeling and Analysis of Supply Chain Risks Using Bayesian Theory", *Journal of Manufacturing Technology Management*, Vol. 25, No. 5, 2014.

Belofilho M. A. F., Amorim P., Almadalobo B., "An Adaptive Large Neighbourhood Search for the Operational Integrated Production and Distribution Problem of Perishable Products", *International Journal of Production Research*, Vol. 53, No. 20, 2015.

Besik D., Nagurney A., "Quality in Competitive Fresh Produce Supply Chains with Application to Farmers Markets", *Socio – Economic Planning Sciences*, Vol. 60, 2017.

Beske P., Seuring S., "Putting Sustainability Into Supply Chain Management", *Supply Chain Management An International Journal*, Vol. 19, No. 3,

2014.

Boventer E. V. , "The Relationship Between Transportation Costs and Location Rent in Transportation Problems", *Journal of Regional Science*, Vol. 3, No. 2, 1961.

Bucki R. , Suchanek P. , "The Method of Logistic Optimization in E – commerce", *Journal of Universal Computerence*, Vol. 18, No. 10, 2012.

Coelho L. C. , Laporte G. , "Optimal Joint Replenishment, Delivery and Inventory Management Policies for Perishable Products", *Computers & Operations Research*, Vol. 47, No. 7, 2014.

Dabbene F. , Gay P. , Sacco N. , "Optimization of Fresh – Food Supply Chains in Uncertain Environments: An Application to the Meat – Refrigeration Process", *Biosystems Engineering*, Vol. 99, 2006.

Drezner Z. , Scott C. H. , "Location of A Distribution Center for A Perishable Product", *Mathematical Methods of Operations Research*, Vol. 78, No. 3, 2013.

Baourakis G. , Kourgiantakis M. , Migdalas A. , "The Impact of E – Commerce on Agro – Food Marketing: the Case of Agricultural Cooperatives, Firms and Consumers in Crete", *British Food Journal*, Vol. 104, No. 8, 2002.

Gan V. J. L. , Cheng J. C. P. , "Formulation and Analysis of Dynamic Supply Chain of Back Fill in Construction Waste Management Using Agent – Based Modeling", *Advanced Engineering Informatics*, Vol. 29, No. 4, 2015.

Ghaffari – Nasab N. , Jabalameli M. S. , Aryanezhad M. B. , Makui A. , "Modeling and Solving the Bi – Objective Capacitated Location – Routing Problem with Probabilistic Travel Times", *International Journal of Advanced Manufacturing Technology*, Vol. 67, No. 8, 2013.

Govindan K. , Jafarian A. , Khodaverdi R. , et al. , "Two – Echelon Multiple – Vehicle Location – Routing Problem with Time Windows for Optimization of Sustainable Supply Chain Network of Perishable Food", *International Journal of Production Economics*, Vol. 152, No. 2, 2014.

Guo J. , Wang X. , Fan S. , et al. , "Forward and Reverse Logistics Network and Route Planning under the Environment of Low – Carbon Emissions",

Computers & Industrial Engineering, Vol. 106, No. C, 2017.

Hao Z., Ying X., Mingke H., ChongChong Q., "Location Model for Distribution Centers for Fulfilling Electronic Orders of Fresh Foods under Uncertain Demand", *Scientific Programming*, Vol. 19, 2017.

Hiassat A., Diabat A., Rahwan I., "A Genetic Algorithm Approach for Location – Inventory – Routing Problem with Perishable Products", *Journal of Manufacturing Systems*, Vol. 42, 2017.

Ilias P., Vlachos I., Sandra G., "Together We E – export: Horizontal Cooperation Among Austrian Food Companies in Global Supply Chains and the Role of Electronic Business Tools", *International Journal of Information Systems and Supply Chain Management*, Vol. 9, No. 1, 2016.

Ilyashenko L. K., et al., "A New Approach Based on Particle Swarm Algorithm to Solve the Location – Routing Problem with Simultaneous Pickup and Delivery", *Industrial Engineering and Management Systems*, Vol. 20, No. 2, 2021.

Wang J., Tao Y., "Reverse Integration and Optimisation of Agricultural Products E – commerce Omnichannel Supply Chain under Internet Technology", *Acta Agriculturae Scandinavica*, No. 13, 2021.

Jadhav A., et al., "The Role of Supply Chain Orientation in Achieving Supply Chain Sustainability", *International Journal of Production Economics*, Vol. 217, 2019.

Jiang Y., et al., "Sustainable Management for Fresh Food E – Commerce Logistics Services", *Sustainability*, Vol. 13, No. 6, 2021.

Keizer M. D., Akkerman R., Grunow M., et al., "Logistics Network Design for Perishable Products with Heterogeneous Quality Decay", *European Journal of Operational Research*, Vol. 262, No. 2, 2017.

Kyong R. K., Sang J. K., Kyung H. K., "The Effects of Internal Marketing Capability on Export Marketing Strategy, B2B Marketing Mix and Export Performance", *Journal of Global Scholars of Marketing Science*, Vol. 26, No. 1, 2016.

Lawley R., "The Changing Face of Food Retailing", *Food Engineering & In-*

gredients, Vol. 40, No. 11, 2015.

Leat P., Revoredo G. C., "Risk and Resilience in Agri – Food Supply Chains: the Case of the ASDA PorkLink Supply Chain in Scotland", *Supply Chain Management*, Vol. 18, No. 2, 2013.

Lee J., Jung K., Kim B. H., Peng Y., Cho H., "Semantic Web – Based Supplier Discovery System for Building a Long – term Supply Chain", *International Journal of Computer Integrated Manufacturing*, Vol. 28, No. 2, 2015.

Lv D., Zhou Q., "Development Model of Agricultural E – Commerce in the Context of Social Media", *International Conference on Biomedicine and Pharmaceutics*, Vol. 6, No. 7, 2014.

Ma C., et al., "Considerations of Constructing Quality, Health and Safety Management System for Agricultural Products Sold Via E – Commerce", *International Journal of Agricultural and Biological Engineering*, Vol. 11, No. 1, 2018.

Manouselis N., Konstantas A., Palavitsinis N., Costopoulou C., Sideridis A. B., "A Survey of Greek Agricultural E – Markets", *Agricultural Economics Review*, Vol. 10, No. 1, 2009.

Mehrjerdi Y. Z., Nadizadeh A., "Using Greedy Clustering Method to Solve Capacitated Location – Routing Problem with Fuzzy Demands", *European Journal of Operational Research*, Vol. 229, No. 1, 2013.

Min H., Jayaraman V., Srivastava R., "Combined Location – routing Problems: A Synthesis and Future Research Direction", *European Journal of Operational Research*, Vol. 108, No. 1, 1998.

Nadizadeh A., Zadeh A. S., "A Bi – Level Model and Memetic Algorithm for Arc Interdiction Location – Routing Problem", *Computational & APPlied Mathematics*, Vol. 40, No. 3, 2021.

Folorunso O., Sushil K., Sharma H. O. D., Longe K., Lasaki I., "An Agent – Based Model for Agriculture E – Commerce System", *Information Technology Journal*, Vol. 5, No. 2, 2006.

Pan B., Fesenmaier D. R., "Online Information Search: Vacation Planning Process", *Annals of Tourism Research*, Vol. 33, No. 3, 2006.

Parast M. M. , Subramanian N. , "An Examination of the Effect of Supply Chain Disruption Risk Drivers on Organizational Performance: Evidence From Chinese Supply Chains", *Supply Chain Management – an International Journal*, Vol. 26 , No. 4 , 2021.

Pauline R. , "The Role of E – Commerce Adoption Among Small Businesses: An Exploratory Study", *International Journal of Cases on Electronic Commerce*, Vol. 2 , No. 4 , 2008.

Peng B. H. , et al. , "Platform Ecological Circle for Cold Chain Logistics Enterprises: the Value Co – Creation Analysis", *Industrial Management & Data Systems*, Vol. 120 , No. 4 , 2020.

Ryu K. , Lee H. R. , Gon K. W. , "The Influence of the Quality of the Physical Environment, Food, and Service on Restaurant Image, Customer Perceived Value, Customer Satisfaction, and Behavioral Intentions", *International Journal of Contemporary Hospitality Management*, Vol. 24 , No. 2 , 2012.

Sharma S. , Pai S. S. , "Analysis of Operating Effectiveness of A Cold Chain Model Using Bayesian Networks", *Business Process Management Journal*, Vol. 21 , No. 4 , 2015.

Song B. D. , Ko Y. D. , "A Vehicle Routing Problem of Both Refrigerated and General – Type Vehicles for Perishable Food Products Delivery", *Journal of Food Engineering*, Vol. 169 , 2016.

Tidy M. , Wang X. , Hall M. , "The Role of Supplier Relationship Management in Reducing Greenhouse Gas Emissions From Food Supply Chains: Supplier Engagement in the UK Supermarket Sector", *Journal of Cleaner Production*, Vol. 112 , No. 4 , 2015.

Vahdani B. , Niaki S. T. A. , Aslanzade S. , "Production – Inventory – Routing Coordination with Capacity and Time Window Constraints for Perishable Products: Heuristic and Meta – Heuristic Algorithms", *Journal of Cleaner Production*, Vol. 161 , No. 10 , 2017.

Vincent F. Y. , Shih – Wei L. , Wenyih L. , Ching – Jung T. , "A Simulated Annealing Heuristic for the Capacitated Location Routing Problem", *Comput-*

ers & Industrial Engineering, Vol. 58, No. 2, 2010.

Visser J., Nemoto T., Browne M., "Home Delivery and the Impacts on Urban Freight Transport: A Review", *International Confrence on City Logistics*, Vol. 125, No. 20, 2014.

Watson – Gandy C., Dohrn P. J., "Depot location with Van Salesmen – A Practical Approach", *Omega*, Vol. 1, No. 3, 1973.

Weaver D., "Why Use E – Commerce for Trading Produce?", *Fresh Produce Journal*, Vol. 30, 2001.

Wei W. J., "Study on Inventions of Fresh Food in Commercial Aspects Using E – Commerce Over Internet", *Acta Agriculturae Scandinavica Section B – Soil and Plant Science*, Vol. 71, No. 4, 2021.

Wenbing S., Mengxia L., Lu Z., "Integrated Pricing and Distribution Planning for Community Group Purchase of Fresh Agricultural Products", *Scientific Programming*, Vol. 3, No. 2020, 2020.

Wu J. H., "Research on Operation and Risk Control of Cold Chain Logistics of Electricity Supplier Fresh Products", *Agro Food Industry Hi – Tech*, Vol. 28, No. 3, 2017.

Xiaoping Z., Chunxia W., Dong T., Xiaoshuan Z., "B2B E – Marketplace Adoption in Agriculture", *Journal of Software*, Vol. 4, No. 3, 2009.

Xingang W., "The Analysis of the Development Situation and Trend of the City – Oriented Cold Chain Logistics System for Fresh Agricultural Products", *Open Journal of Social Sciences*, Vol. 3, No. 11, 2015.

Yang H. L., Peng J. W., "Coordinating A Fresh – Product Supply Chain with Demand Information Updating: Hema Fresh O2O Platform", *Rairo – Operations Research*, Vol. 55, No. 1, 2021.

Yang J., et al., "Identification of Key Drivers for Sustainable Supply – Chain Management of Fresh Food Based on Rough Dematel", *International Journal of Information Systems and Supply Chain Management*, Vol. 14, No. 2, 2021.

Yeo G., "A Study on the Logistics Service Quality Influencing Performance of B2C in Agriculture Products Through E – Commerce", *Korean Journal of Lo-*

gistics, Vol. 25, No. 3, 2017.

Zarandi M. , Hemmati A. , Davari S. , Turksen B. , "Capacitated Location – Routing Problem with Time Windows under Uncertainty", *Knowledge – Based Systems*, Vol. 37, 2013.

Zhao Y. Y. , et al. , "Innovation Mode and Optimization Strategy of B2C E – Commerce Logistics Distribution under Big Data", *Sustainability*, Vol. 12, No. 8, 2020.

Zheng Q. , Wang M. , Yang F. , "Optimal Channel Strategy for A Fresh Produce E – Commerce Supply Chain", *Sustainability*, Vol. 13, No. 11, 2021.

Zhong P. , "Research of Fresh Meat Food Logistics Distribution Mode in B2C E – Commerce Environment", *Food Research and Development*, Vol. 38, No. 4, 2017.